우리가 살아가는 이야기
사계절 사랑

우리가 살아가는 이야기
사계절 사랑

발 행 일 | 2024년 6월 28일
2쇄 발행 | 2024년 7월 26일
지 은 이 | 이호동
펴 낸 이 | 전미희
펴 낸 곳 | 북오아시스
전자우편 | jenee45@naver.com
출판등록 | 제251-2012-42호
I S B N | 979-11-973251-3-7
정가 15,000원

ⓒ이호동, 2024. Printed in Seoul, Korea

이 책은 저작권법에 의해 보호받는 저작물입니다.
이 책의 판권은 저자와 북오아시스에 있습니다.
저자와 북오아시스의 서면 동의 없는 무단 전제 및 복제를 금합니다.

인생
푸념과 넋두리
우리가 살아가는 이야기

사계절
사랑

우석(友石) 이호동의
　　　　　감성시

작가의 말

살아가면서 끊임없이 욕망이라는 전차에 올라타고,
또 그 덫에서 벗어나지 못한 채 허덕이는 경우가 많다. 나 또한
그렇다. 매일매일 새로운 욕심이 생겨난다. 욕심에 욕심이
더해지면서 문득 문득 변해있는, 어쩌면 욕망의 덫에 갇혀 있는
나를 발견하고선 소스라쳐서 자신을 뒤돌아보곤 한다, 욕망의
괴물이 되지 않도록, 다시 처음으로 돌아갈 수 있도록.

그럴 때마다 세상의 지혜가 담긴 멋진 책들, 고전뿐만 아니라
현대문학과 사상서 같은 보물이 내 욕망을 다스리도록 인도해
주었다. 그 중에 시가 있었다. 함축적인 표현으로 잘못된 욕망을
꾸짖거나, 어지럽고 혼탁한 생각으로 가득 찬 머리에 찬물을
끼얹어 깨어나게 해주었다. 미처 알지 못했던 촌철살인의
새로움도 안겨주었다.

그렇게 나는 시문학에 빠져들게 되었고, 시라는 형식을 빌려 내
마음을 뱉어 내며 스스로를 치유하기도 했다.

틈틈이 시를 쓴다. 단순히 그때그때 느낀 감정을 기록하는
수단을 넘어, 짧게 그리고 자주 내 마음을 기억하는 표현물이
되어왔다. 대상은 자연이기도 하고, 사랑하는 사람 또는 세상에
대한 울분이기도 하다. 그저 내가 살아가는 이야기다. 이를 통해
나는 나를 되돌아본다. 근본으로의 여행이랄 수 있다. 표현하며
욕망을 다스리고 나를 찾는다.

술 마시면 기분이 좋아진다. 흥이 나고, 말이 많아진다.
그럴 때마다 어쩌면 습관처럼, 아니면 술주정처럼, 끼적이고 또
끼적인다. 술과 시인은 실과 바늘에 비유될 수 있다. 바늘이 실을
두터운 옷감 속으로 비집어 데려가듯, 술은 시인에게 가슴 속
깊이 숨은 말을 꺼내게 만든다. 살아오면서 체득한 여러 가지
관찰과 열정을 쏟아 내고 번뜩이는 영감도 표출케 한다. 그렇게
감춰진 마음을 드러내고, 답답한 세상의 울분도 달래며, 때론

환각처럼 무언가를 체험하게 만든다. 술은 이야기의 자양분이다.
하여 시인은 술을 마시고, 술은 시인의 입이 되어 희로애락의
삶을 노래하게 한다.

그렇게 최근 몇 년 사이 200여 편의 내 노래가 모였다.
물론 하나같이 술을 마시고 쓴 것이다. 때론 '술이 여러 명의 나를
불러낸다. 내가 불러낸 나인지 술이 부른 나인지 모를
그놈이 술이 너이고 네가 술이라고 내게 속삭이기도' 한다.
이런 느낌을 시로 옮겼다.

덕분에 많은 얘기를 하게 되었다. 나의 원초적인 감정들을
다시 보게 되었다. 진정한 내 것은 무엇인지도 되돌아보게
되었다. 순간순간의 내 감정들, 내 느낌들. 차분하게 생각하고
가다듬은 내 생각 내 감정이 각색된 것이라면, 내 진정한 것은
순간순간 생각하고 느끼는 바로 그 감정이다.
철학자 칸트가 말했다, '술은 입 속을 경쾌하게 한다.
그리고 술은 다시 마음속을 터놓게 한다. 이렇게 해서 술은
하나의 도덕적 성질 즉 마음의 솔직함을 운반하는 물질이
된다'라고.

물론 단점도 있다. 무엇이든 지나치면 소중한 것을 해치고
궁극에는 삶을 황폐화시킬 수 있다. '말하기 좋다 하고
남의 말을 말 것을/ 내가 남 말 하면 남도 내 말 하는 것을/
말로써 말 많으니 말 말까 하노라'라는 작자미상의 조선중기
시조를 좋아한다. 말을 신중히 가려서 하라는 이야기다. 이는
술도 마찬가지다. 채근담에서도 말하기를 '꽃은 반쯤 핀 것을
바라보고 술은 반쯤 취하게 마신다. 그 속에 아름다운 향취가
있다'라고 한다. 한계를 지우며, 적당히, 중용의 도를 지켜야 한다.
그렇게 내 슬픔과 기쁨을, 내 삶을 시로 나타내고 싶었다.

2024년 6월 그 어느 멋진 날
우석(友石) **이 호 동**

추천사

친구의 시를 읽으며

친구는 늦은 저녁 종종 카톡을 보냈다. 거나하게 술을 마셨을 때,
오래된 친구들이 보고싶을 때, 고민이 깊어 잠이 오지 않을 때,
우연히 시상이 떠오를 때.

단체카톡방에 있던 대학동기 150여 명은 친구의 글을 보고
여러 생각을 했으리라. 자신의 처지를 떠올리며 공감하기도 하고,
세상사를 이렇게 표현할 수도 있구나라고 느끼기도 했을 것이다.
무엇보다, 살면서 일어나는 많은 일들과 생각을 몇 줄의 글과
시(詩)로 표현하는 노력과 발상에 찬사를 보냈으리라.

친구의 시에는 우리들의 삶과 고민, 희로애락이 그대로 투영됐다.
사랑·만남·분노·회한·안타까움·술·친구·푸념과 넋두리.
우리가 살아가는 이야기다.

그 옛날 사랑했던 사람, 자녀들을 향한 부정(父情), 많은 주변
사람들에 대한 그리움과 고마움을 담았다. 공무원 생활하면서
지켜왔던 원칙이 무너지는 요즘, 포퓰리스트들을 겨냥하고
악취나는 동물들을 경멸했다.

친구의 시에는 여러 장소가 등장한다. 신림시장, 인헌시장,
평화시장, 청계천, 부산 해운대와 달맞이 고개, 익산 부여,
마이애미, 발리...

우리가 무심코 지나쳤던 세상 사람들의 모습과 여러 현상들을
때론 날카롭고, 때론 따뜻한 눈길로 다시 그려냈다.
자신의 언어와 방식으로.

〈시장에 가서〉 애처로운 아이를 통해 세상이 왜 슬픈 지,
왜 웃는 아이가 없는 지를 애타게 찾아봤다.

〈부산에 와서〉는 최백호의 노래인 〈부산에 가면〉을 틀어놓고
오래된 바다와 파도를 바라보며 잊혀지는 사람들을 안타깝게
떠올렸을 것이다.

친구의 시에는 감수성이 많다. 주변의 작은 소리와 움직임을
그냥 지나치지 않았다. 자신만의 독특한 시각을 통해 다시 풀어냈다.

공부를 잘했던 학창시절, 행시에 합격해 30여년을 보낸
공무원 생활, 그리고 민간 회사까지. 경력만 보면 무미건조한
삶이었을텐데, 친구는 그렇지 않았다. 조선시대에 태어났다면,
벼슬을 하면서도 술을 마실 줄 알고 멋과 풍류를 잃지 않은
음유시인으로 기록됐을 것이다.

친구의 글이 시집(詩集)으로 나온다면, 나는 책상 위 가까운 곳에
둘 생각이다. 왠지 공허감을 느낄 때, 잠이 들지 않을때,
회한과 분노가 치솟을 때 이 시집을 찾을 것이다.
그 속에서 많은 감정들을 공유하고 주변 사람들에 대한
고마움과 사랑을 함께 느끼려고 한다.

매일경제신문 기획실장
김 정 욱

> 추천사

우석의 열정을 닮은 시

젊어서 어설픈 시를 써보지 않은 사람이 어디 있을까?
시간이 흘러 어른이 되었을 때 내가 쓴 시를 읽어보면 얼마나
유치하고 쑥스러운지 우리들은 다 알고 있다.
그렇지만 그 유치한 시가 너무도 눈물이 나도록 가슴 시린 것은
젊은 날의 그 자리, 그 시간으로 나를 보내주기 때문이다.

우석 이호동의 시집을 읽는 내내 부러웠다. 우리네 사람들은 나이가
들면서 열정도 시들해지고 감정도 메말라가기 마련이다. 더 이상
시를 쓰지 않고, 더 이상 시를 읽지도 않는다.

그런데 환갑을 바라보는 나이에 멋진 시집을 내었다.
아직도 우석은 젊은 시절의 순수함과 열정을 갖고서 시를 쓰고 있다.
더군다나 시집을 출판하는 추진력까지 갖추고 있으니,
한없이 부럽기만 할 뿐이다.

어디 그 뿐이랴. 우석의 청년 같은 마음이야말로 부럽기 그지없다.
〈난 항상 어리다〉에 드러난 그 마음이 그대로 말이다.

'그래서 인생을 모를 순 있어도 난 항상 젊다
난 죽을 때까지 어리다!'

그 젊은 마음이 우석 시집 전체를 살아있는 날 것으로 만들고 있다.
어느 순간 북받쳐 왔던 그 무언가를 시밖에는 표현할 수 없었음을
우석은 보여주고 있다.

사랑의 강렬함과 따뜻함, 사무침, 외로움을 우석은 담담하면서 때론
격정적인 시어로 표현해서 읽는 이를 매료시킨다. 만남은 필연적인

사랑으로 맺어지고, 헤어짐의 필연 또한 애틋한 시어로 승화된다.

우석이 아직 청년임은 '분노, 회한, 안타까움'에서 거칠게 증명된다.
세상에 대한, 정치에 대한 우석의 애끓는 마음은 작금의 청년과
무엇이 다를까. 아니 더 하다.

'술'은 '친구'를 부르고 '푸념, 넋두리'로 우리를 위로한다.
그렇게 우석은 시집에서 우리를 위로하고 있다.

우석은 오랜 공직생활과 3년여의 기업대표를 하고 있다.
'자연, 장소, 사람, 역사'와 '일상'을 통해 그는 많은 것을 보았다.
그리고 경험했다. 그 긴 시간의 깨달음을 글로 표현해야 했다.
표현의 대상이 우석이 너무도 아끼는 아이들이
연상되는 것은 나만의 착각일 수 있다

우석의 시집 추천사를 흔쾌히 쓴 이유가 있다.
우선, 내가 우석을 진짜 좋아한다. 그리고 날 것 그 자체의 시어가
나에게 주는 감정이 너무 좋았기 때문이다. 문학과는 거리가 멀듯
한 분야에서 살아온 그의 시집에 내 마음이 읽혔기 때문이다.

힘들고 지치지만 오늘을 열심히 사는 평범한 우리네에게
우석 이호동의 시집이 작은 위로가 되었으면 한다.

중앙대학교 문헌정보학과 교수
(전)한국도서관협회장
남 영 준

| 서 |
| 시 |

사계절 사랑

봄 여름 가을 겨울
그렇게 내 사랑 말하렵니다

사랑을 느꼈을 때
내 맘에 사랑이 들어 왔을 때
그 때는 봄이었습니다

새로운 시작
가슴 설레는 두근두근 사랑이 시작되었어요

그대 아시나요?
시작이 당신인 것을
내 맘의 불은 지핀 봄이 영원할 줄 알았죠
그 순간은 그랬어요

순간순간
그런 줄 알았는데
그만 덜컥 와 버렸네요
나의 여름이

내 여름 무엇일지 생각지 말아요
나도 이제야 알 것 같아요

불타오르는 여름
나는 그 여름을 노래했죠
그 여름이 영원하리라고 말이죠
내 맘 불타올랐고
그 불꽃 내 맘의 잉걸이었어요

순간순간 그 사이에
봄 여름 가고 가을이 오네요

봄에 꽃피우고
여름에 타오른 그 마음이
시나브로 변해가네요
변할 줄 몰랐던 그 사랑이

어느덧 가을이더라고요
사랑의 가을
가을의 사랑

사랑하니까 포근한데
사랑하면서도 쓸쓸한
가끔은 여름이 그리운

그렇게 가을이 갑니다
아직도 그 사랑 그 사람
내 옆에 있는데 말입니다

가을이 가기 전에
사랑을 붙잡고
겨울이 오기 전에
그 사랑 보낼 수 없네요

겨울이 왔어요
그 사랑 떠나려 하네요
내 맘에서 그대 맘에서

그래도 나는 알아요
알아야 해요
그대가 없으면 다시는
내 봄 여름 가을
없을 거라는 걸요

시리도록 껴안아요
당신을 이 겨울에

아파 말아요
슬퍼 말아요
겨울이 가면 우리 사랑
다시 봄이에요

추워도 아파도
당신을 다시 한 번 뜨겁게
안아보고 느낍니다

아파도 내 사랑
추워도 내 사랑

겨울에 더 하나 되고
겨울에 더 알게 되는
내 사랑입니다

다시 봄 여름 가을 겨울
그렇게 사계절이 가고 또 가고 이어지는 사랑

변한 줄 알았는데
다시 새로운 사랑

나 이 사랑 언제까지나
끝이 있을까 없을까요

목차

Part.1
봄의 사랑

차례

정녕 당신은 떠나십니까?	028
동생 조유복, 전태준, 백정일	029
29년	030
돌고 돌아 당신 품	032
향기	033
까바를 좋아하는 여인	034
그녀1	036
코데이터 사계절	037
무제	038
그녀를 만났다	039
어느 멋진 날	040
슬프지 마라	041
잊고 살았다	042
산다는 건	043
그래도 아빠다	044
인기	045
아직도 많은 것이 남아 있기를	046
그녀2	047
그 여인	048
여자	050

친구1 ··· 054
발리의 추억 ·· 055
가는 길 오는 길 ·································· 056
참 많다 ·· 057
친구2 ··· 058
친구3 ··· 060
멈추면 보이는 친구 ··························· 062
친구4 ··· 063
40년 ·· 064

목차

Part.2
여름의 사랑

목수

사랑1	070
사랑2	071
사랑3	072
천천히 가야 할 사랑	073
인생, 사랑 빼면 뭐가 있나?	074
많고 많은 내 사랑	076
백신	077
도대체 사랑이 뭐야	078
생각보다 가까운 내 사랑	080
사랑 다시 생각해 보자	081
이 세상의 사람은 다 예쁘다	082
진심	083
정도 아파야 생긴다	084
사랑한다는 그것	085
과분한 사랑	086
사랑 말하지 마라	087
사랑은 아픔입니다	088
당신을 그리며	089
사무치는 외로움	090
하나 둘 셋	091
텅 빈 가슴	092
가눌 수 없는 그리움	093
내 맘 둘 곳	094

술주정	098
술	099
한 잔	100
달라지겠지	101
또 술	102
술잔	103
술과 여러 명의 나	104
노취	105
술 본능	106
술친구	108
거짓과 진실	109
막걸리	110
얼마나 마셨을까	112
술술술	113
취중간	114

목차

Part.3
가을의 사랑

하늘	120
혼돈	122
산다는 것	123
사람과 인간	124
겸손	125
무지와 오만	126
마이애미 그림	128
구름 품은 하늘	130
낙엽	131
우주, 코스모스	132
힘드니	133
그렇게 우리는 살았다	134
자연과 나	135
흐트러짐과 정갈함	136
결국에 내린 결론	137
신진시장 곱창거리	138
하늘 아래 땅 위에	141
비가 온다	142
베로나의 카르멘	142
베로나를 떠나며	145
우주와 티끌 그리고 의미	148
부산에 와서	149
우주	150
백제에 서서	151
또렷해진다	152

하늘 구름 별 달 ·· 153
두려운 길 가보고픈 길 그 끝은 ························ 154

(꽤) 일상

눈물 ·· 158
질문 ·· 159
바람 부는 날 ·· 160
외로움 ·· 161
고통에 대한 단상 ·· 162
변덕 ·· 164
우왕좌왕 ·· 165
일상일까 불면증일까 ·· 166
게으름 ·· 168
살아가는 것 ·· 169
맘 졸임 ·· 170
관계 ·· 171
일상의 즐거움 ·· 172
이차전지를 닮고픈 수면 ·································· 174
걸음 ·· 175
쫄지마 ·· 176
아픔도 슬픔도 즐거움도 ·································· 177
난 항상 어리다 ·· 178
내 그릇 ·· 180

목차

Part.4
겨울의 사랑

외면	186
안타까운 무력감	187
똥물	188
억누름 그리고 갈증	190
하나 둘 그렇게	191
안타까움 그리고 무기력	192
일장춘몽	193
무제	194
겁 많은 짐승	195
그래도 살만해?	196
기둥과 부끄러움 그리고 진리	197
똥을 푸다	198
플랫폼	200
추락	201
찾을 수 없는 답	202
상식	203
아시나요?	204
우리 몫	205
무섭다	206
화내지 마	207
포옹	208

공허한 메아리 …………………………………… 209
지치고 힘들 때 …………………………………… 210
공허한 메아리 속의 개새끼들 …………………… 212
헷갈리는 세상 …………………………………… 213
이놈도 저놈도 다 지껄인다 ……………………… 214
쉽게 얘기하지 마라 ……………………………… 215
좌절 ……………………………………………… 216
무제 ……………………………………………… 217
시장에 가서 ……………………………………… 218
학대 ……………………………………………… 220
억울한 삶 ………………………………………… 221
따라잡기 ………………………………………… 222
종이 한 장 차이 ………………………………… 223

넋두리1 …………………………………………… 226
대답하지 않는 질문 ……………………………… 227
넋두리2 …………………………………………… 228
그런 사람 ………………………………………… 229
인생이 다 그렇더라 ……………………………… 230

목차

Part.4
겨울의 사랑

사슬	232
삶1	233
시를 쓴다는 것	234
삶2	235
여기까지	236
그런 거야	237
가는 길	238
제자리	239
탈바꿈	240
눈물이 난다	241
외침	242
슬화	244
무상	245
흔들리며 간다	246
장점과 단점	247
저절로 그렇게	248
시간	250
그렇게 나는 모두의 누구입니다	252
괜찮게 살고 있는 건가	254
정신줄	255
일기장과 슬픔	256
한계	257
내뱉는 시	258
알 수 없어요	259

우리 같이 가요	260
깨끗하자	261
쉼표와 마침표	262
삶과 죽음은 하나다	264
큰 나무	265
내가 가야 할 길	266
아픔과 치유 그리고 도돌이표	267
세상이 네게 뭐라 하나요?	268
하늘과 물 그리고 꿈	270
두려움	273
왔다 갔다	274
전구	275
아련한 추억	276
아무것도 아니다	277
그래도 산다	278
ㅇㅈ 누다가	279
거울 속의 나	280
아~!	282
고뇌의 시간	283
다 사라져간다	284
아 씨발!	285
시련과 나무	286
넋두리3	287

Part.1

봄의 사랑

만남
친구

만남

사람에게 만남은 피할 수 없는 운명이다

만남에서 모든 것이 시작된다
혼자서는 아무것도 이룰 수 없다

즐거운 만남이든 괴로운 만남이든 다 이유가 있을 테이니

정녕
당신은
떠나십니까?

정녕 당신은 떠나십니까?
사랑을 남겨 놓고 가시렵니까?

아니요
내가 줄 사랑 아직도 많은데
내 어찌 당신 곁을 떠날 수 있나요

저는 사랑 참 많이 받았어요
여러분 사랑하는 여러분에게
사랑 받고 떠나는 거예요

아니요 머무르고 싶어요
그래도 떠나렵니다

당신이 나를 기억할 때
당신이 나를 사랑할 때

언젠가 그 언젠가
당신이 내 곁에 올 때
줘야할 맘껏 줘야할
그 사랑 품고 떠나갑니다

사랑합니다

동생 조유복
　　　전태준
　　　백정일

조용한 밤에
유독 생각나는 동생
복을 나눠주는 내 동생

전 알아요
태초부터
준비한 동생이 너라는 것을

백문이 불여일견
정말 진국인 내 사랑
일하다가도 떠오르는 내 아우

29년

29년을 달려왔습니다
아니 천천히 걸을 때도 있었습니다

헤매기도 하고
잘못 돌아가기도 하고
29년을 그렇게 길을 찾아 다녔습니다
없는 길을 새로 내기도 했습니다

29년 걷고 달리고 하는 그 길에서
항상 같이 있던 친구들이 있습니다

설렘, 흥분감, 긴장감, 두려움, 조바심, 아쉬움
뿌듯함, 성취감, 만족감 그리고 기쁨, 슬픔, 짜증

참 많은 친구들이 제 길 위에
불쑥불쑥 찾아와 같이 웃기도 울기도 했습니다

29년을 함께한 그 많은 친구들 중에
여유와 사랑에게 미안함 마음을 전합니다
좀더 다가가고 많이 배워야 했는데 말이죠

이제 29년을 걷고 달려 온 그 길을 떠납니다

앞으로 새롭게 걷고 달릴 길
거기에도 많은 친구들이 있고 또 함께 하겠죠

이번에는 여유와 사랑을 더욱 더 가까이 하려합니다
여유를 가지고 사랑하며 살렵니다

돌고 돌아
당신 품

정녕 떠나십니까?
이제 왔어요

아직도 있어요?
막 떠났어요

어디세요?

헤아려보니
당신 품이네요

향기

좋은 향기가 나네요
어디서도 나지 않는 우리의 향기

그런 사람을 기다립니다
저절로 향이 나는 그런 사람

과거를 돌아보지 말고
지금의 향기를 느끼세요
향은 그대로 우러나는 겁니다

그대들의 향기로
우리 코데이터를 가득 채워 주세요

그대들의 향기가 가득할 때
저는 나는 정말 맘 편히 떠날게요

사랑합니다

까바를
좋아하는
여인

윤정이라는
여인을 만났다

첫 모습 첫 인상
잠시 숨겨두고

그녀의 한마디
순간순간 몸짓에 시선을 두고
귀를 연다

한참이 흘러도 여전히 궁금해지는
윤정이라는 여인

생각을 멈추고 다른 무엇을
떠올리는데

그녀가 얘기한다
까보라고

까보고 싶은 그녀가
까바라는 와인을 좋아한단다

오늘은 까바를 까고

숨겨둔 첫 모습 첫인상은
나중에 까보여야겠다

그녀 1

살다보니 그녀를 만나네요
살다보니 이렇게 가슴 설렐 때가 있네요
살다보니 오늘처럼 잊히질 않을 여인을 만나네요
살다보니 두근두근 먹먹해질 때가 있네요
살다보니 내 맘에 담아 두고픈 여인을 만나네요
더 알고 싶어지는 여인

그 향기 오늘 가슴에 심고 갑니다

코데이터(KoDATA)
사계절

봄 여름 가을 겨울
그렇게 일 년이 지났습니다

봄에 왔어요
일 년 전 꽃피는 봄에 제가 인사드렸지요

여름은 여전히 제게는 봄입니다
여러분께 다가온 그때를 잊을 수 없거든요

가을에는 조금은 쓸쓸해요
제가 여러분 곁을 떠날 준비를 해야 할 테니까요
제가 떠나더라도 가늠할 수 없는 사랑을 여러분께 심어주고 싶어서
더욱 그럴 거예요

겨울은 추워요
그래서 따뜻하게 안아줄 서로서로가 더욱 필요하답니다
제가 떠나도 당신이 떠나도 우리 코데이터가 영원할 수 있게
서로를 꼭 끌어안아 주세요

사랑합니다! 코데이터(KoDATA)

무제

가슴에 품고 싶은 여인
꼭 끌어안고 싶은 여인
그 여인이 바로 앞에 있네요

그녀가 사실 예전에 내게 온
바로 그 여인일 것 같아

차근차근 조심조심
아래로 위로 훑어보는데

어쩌나 내 눈과 그녀 눈이 만나는 그 순간
나도 몰래 그만 눈을 감아 버렸어요

그런데! 그런데!
깨어나 보니 그녀 바로 그 여인이
내 품에 안겨 있네요

그녀를 만났다

그녀를 만났다
만났는데 헤어졌다
다시 만나길 기다려야겠다

헤어지기 전에 사실 나는
많은 생각을 했다

이리도 나를 격랑치게 하는 여인
이렇게도 나를 설레게 하는 여인

잠시 생각했다
다시 만나도 나를 그렇게 만들까

오늘 다시 만났다

어느 멋진 날

어느 날
그 멋진 어느 날

기다리던 사람을 만났어요

왜 이리 천천히
왜 이리 늦게 오냐고 물었더니

그녀가 답하네요

당신께 다가서는 멋진 날에
조금은 더 예쁘게 하고 오려고 그랬다고

화내지 말고 아무 말 말고
꼭 안아 주세요

슬프지
마라

우리 이제 알게 됐는데
슬프지 마라

우리 이제 이렇게
맘 터놓으려 하는데
아프지 마라

우리는 이제야
할 말이 많은데

맘 터놓고 진짜
술 한 잔 하자

그렇게 우리 서로를
사랑하자

맹세하자
슬퍼하지 말자

잊고
살았다

잊고 살았지
그 많은 것들을

잊지 않으면
너무 힘들어서

난
잊을 수밖에 없었어

그래도 떠올라
내가 살아온 자취
내가 숨 쉬던 그 곳

잊지 말자
다짐하자

네가 날 잊지 않으면
난 영원히 네 가슴에 있는 거야

널 잊지 못하는 그대의 나
당신의 나

산다는 건

산다는 건
그래도 좋은 거야
내가 너를 볼 수 있으니까

산다는 건 좋은 거야
내가 너를 기다릴 수 있으니까

산다는 건 좋은 거야
내일을 볼 수 있으니까

내일이 되면
너랑 함께 할 수 있으니까

그래도 아빠다

참 어쩌면
지랄 같은 아빠

그런 아빠지만
나름 너희를 참 많이도
사랑한단다

어쩌면 주지 못한 사랑이
남아 있을 거 같아

저 세상에 가서도
그 남아 있는
사랑을 주고 싶다

내 사랑 영은 효주 건민
사랑해 영원히

아빠가 죽고
다시 태어나고 또 죽을 때
그때까지도

인기

인기 있는 내 딸
멋있는 내 아들

누구에게도
내주기 싫지만

언젠가는 떠나겠지
하나 둘 그렇게
나도 모르게

멋지게 떠나라
사랑하는 영은 효주 건민

아직도
많은 것이
남아 있기를

내가 아직도 살아 있다는 건
아직도 많은 것이 남아 있기 때문이다

내가 오늘 또 새로운 사람을 만난 것은
채워야 할 것이 많이 남아 있기 때문이다

하나 둘 지워간다 아픈 기억들
셋 넷 채워간다 소중한 추억들

지우고 채워도 여지없이 남아 있을 나의 여백
참 하얗다 많은 것 채워야 하니까

그녀 2

신나게 나갔다
그녀를 보러

그녀의 눈빛이
예사롭지 않다

사랑스런 그 여인이
바로 내 옆에 있다

그렇지만
오늘은 설렘의 날

다음에 보면
더 알 수 있을 나만의 그녀
내 맘의 여인

그 여인

오늘 나는
보고 싶던 여인을 만났다
어제 꿈에 나타난 듯
낯익은 여인이 내게 왔다

한참이 지나도
그 여인 못 잊을 것 같다

사실 그녀는 오늘이 첨이다
그런데 왜일까
왜 내 가슴이 뛸까

잠시 숨겨두면 될까
어떡하지 그래도 뛰는 걸

어차피 숨겨도 내 맘에
이렇게 깊게 들어온 걸 어쩌랴

오늘 나는 그녀를 맘에 담는다

내일은 살짝 꺼내어 볼게
그 모습 그 웃음

모레는 그 웃음 간직하며
꿈속에서 만나야지

포근하게 자고 그 잠에 깨어
난 그녀가 옆에 없어도 좋다

이미 내 마음에 들어와 있으니까

여자

나는 남자
거울을 봐도 남자
아래를 내려 봐도 남자

너는 여자
거울에 비친 네 모습도 여자
아래를 내려 봐도 여자

거울에 비친 내 모습 뒤에 서 있는
내가 너이고 네가 나인 것 같아서
한참을 바라본다

그래도 나는 여자가 좋다

친구

사랑이라는 단어만큼이나 우리에게 많은 의미를 갖게 하는

친구가 있어서 참 좋다

친구 1

보고 싶은 사람
생각나는 사람

그대는 내 친구

네가 있어서
나는 참 좋다

생각하지 않아도
그냥 떠오르는 네가 있어서

살며시 미소 지으며
눈을 감는다

많은 것들이 지나가는
나만의 암막 속으로

나는 그렇게 걸어간다
꿈에서 나타날 그대를 맞으러

발리의 추억

아스라이 떠오른다
발리의 추억

어렴풋이 생각난다
친구가 날 불렀던 그곳
함께 모여
개구쟁이 됐던 그곳
미국에서 한국에서 인니에서
글로벌하게 하나 되었던

너와 나의 그 순간들
꿈엔들 잊으리오

다시 한 번 하자
발가벗고!

가는 길
오는 길

갈 땐 즐거웠어요
거기에 무엇이 있는지도 모르고
가는 게 참 좋았어요

정신없이 까르르
웃고 떠들다 나를 내세우기도 하고
친구가 최고라고 추켜세우기도 하고

그런데 시간이 그놈이 정신 차리라 하네요
어느덧 석양은 저 멀리 보이는 처마 밑에 기울고

갈 길 바쁜 나그네는
고장 난 그 시계를 봤다 또 봤다
정신없는 그놈에게 정신 차리라 하네요

이제는 서두르라 재촉하네요

기다리는 그 사람은 내 맘에 들어와
여전히 말해주네요

오는 그 길 바쁘지 않게 여유를 늘 가지라고
천천히 오세요, 기다릴게요

참 많다

세상 참 많다
잘난 놈 참 많다

그래도 많고 많은 놈 중에
네가 최고더라

아무리 많고 많아도
내게는 너뿐이더라

나도 네게 그랬으면 좋겠다

친구 2

말합니다
평생 살면서
단 한 명 진정한
친구가 있다면
넌 멋진 놈이라고

생각했어요
단 하나가 아니라
단 둘도 아니라
아주 여럿이라고

그런데 하나 둘 그렇게
떠나가네요

난 준비가 안됐는데
그렇게 떠나가네요
여럿이던 친구들이

내가 뭔가 큰 잘못을 했겠죠
그렇지 않다면 왜 그러겠어요

다시 태어나도 또 다시 한번
난 여러 명의 친구를 둘 거여요

사귈 거여요

진정한 친구는 한명도
어렵다는 그 편견을
기어코 깨뜨릴 거여요

친구 3

저는 참 친구가 많아요
아니 별로 없으면서 그렇게 얘기해요

멋진 친구 잘난 친구
본받고 싶은 친구
그 친구들은 잘할 거예요

그런데 제겐 항상 떠오르는 친구가 있어요
아픈 친구 힘든 친구
울어주고 싶은 친구

잘나도 내 친구
못나도 내 친구

저도 그들에게
잘난 친구이고 멋진 친구이고
아픈 친구이고 안아주고 싶은
그런 친구이고 싶습니다

소중한 친구
마음 주고 가슴 내어 주는 친구
단 하나만 있어도 행복하다는데

저는 욕심이 많아서
친구들이 참 많답니다

그래서 외롭지 않고
오래오래 살고 싶어요
더 많은 이와 친구하고 싶어서요

멈추면
보이는 친구

세상이 나를
멈추라 하더라

멈춰 서면
보인다 하더라

그래서 멈췄더니
참 많이 보이더라

내가 알았던 친구
내가 알고픈 친구

그 친구들이
날 더 풍부하게 하더라

나 또한 친구를
좀 더 풍부하게 하고 싶다

친구 4

친구를 오늘 만났다
난 또 내일도
친구를 볼 거다

친구가 나를 부르면
나는 뛰어간다

내가 불러도
뛰어오는 그 많은 친구

그래서 나는 행복하다

그들이 참 좋다
내 친구

40년

이십에 만나 육십이 되었다
이 안에 여럿이 있다
어울리며 친해진 친구
가끔 소식만 듣는 친구
이제야 알게 된 친구
아직도 모르는 친구

빈 곳 채워가야지
자식들 참 근사하다
살아온 모양도
지금 이 모습도
아니 좀 변해도 멋질 거 같다

칠십에 조금은 변한 모습으로
오십을 기념하는 날까지
우리 모두 파이팅하자
빈 곳 칠십 되어 채워 올게
그때 보자

Part.2

여름의 사랑

사 랑
술

사랑

사랑이라는 단어만큼
우리를 설레게 하고 기분 좋게 만드는 것이 있을까

많은 것들을 가능하게 하고 또 많은 이야기를 자아내는 사랑
아이러니하게도 아픔은 왜 동반되는지

사랑 1

당신은 아시나요?
흔들리는 사람의 마음을

당신은 아시나요?
흔들고 흔들어도
흔들리지 않는 내 마음을

내 사랑
그대 향한 내 사랑
그런 사랑입니다

누구도 생각할 수 없는
그 누가 신이라 해도
조금도 내 줄 수 없는
나만의 사랑입니다

사랑 2

당신은 내 사랑입니다
누가 뭐래도 내 사랑입니다

밖으로 내지는 못해도
그대 영원히 내 안에 있습니다

가끔 외쳐봅니다
내 사랑 오직 그대라고

들어도 못 들어도
내 외침 오직 한 방향입니다

바로
바로
오직 그대인 것을

사랑 3

이제는 잊어야 할 여인입니다
아파도 참아야 할 사랑입니다

그 사랑 못 잊어
여기 서성입니다

나는 그런 사람입니다
그 여인이 나를 돌아보지 않을까 서성이는

천천히
가야 할 사랑

내 사랑에 다가가는 이 길이 왜 이리 먼가요?
내 님에게 가까이 가는 이 길이 왜 이리 오래 걸리나요?
내 마음은 벌써 내 님 안에 있는데
이 길이 바로 이 길이 나를 매어 두네요
천천히 가도 그 사랑 기다려줄까요?

인생,
사랑 빼면
뭐가 있나?

태어나며 사랑입니다
받는 사랑입니다

자라면서 사랑입니다
그 또한 받는 사랑이죠

인생을 조금이나 알면서
사랑이 충만함을 압니다
받는 사랑뿐만 아니라
주는 사랑도 있음을

그래도 받기만 합니다

그래도 가끔은
사랑은 주는 거라 듣기는 합니다

참 서툽니다 주는 것이
당연한 줄 압니다 받는 것이

이제 주려합니다
서투름 깨치고 나와
주렵니다 사랑을

참 많이 받았습니다

받은 만큼은 못돼도
주렵니다 사랑 사랑
내 인생 끝날 때까지

인생은 사랑입니다
세상은 사랑입니다

많고 많은
내 사랑

사랑은 연인과 함께
사랑은 자연과 함께
사랑은 친구와 함께
사랑은 사랑은 바로
당신과 영원히 함께
마지막 미움과 증오
그 또한 사랑의 완성
그렇게 사랑은 충만

백신

백신 하얀 고무신
아련히 떠오르는 추억

검정 고무신은 신었었는데
하얀 고무신은 부러웠지

백신 신은 그녀가 아름다워서
내 마음에 품다가

어쩌나 들켜버렸네
내 님 내 고무신

내 백신

도대체
사랑이 뭐야

사랑하면 사랑 줄 것 같았어요
기다리면 다가올 줄 알았어요

기다리지 말아야 했어요
사랑하지 말 걸 그랬어요

어쩌죠!

내가 할 수 있는 게
제가 할 수 있는 게
사랑하고 기다리는 게 전부인걸요

남겨둘 걸 그랬어요

내 사랑
내 기다림

그래도 기다릴 거예요
여전히 사랑할래요

사랑하는 마음으로 기다리면
언젠가는 사랑하는 그대가

점점 커지는 사랑의 숨결로
다가 올 거 같아요

그렇게 당신을 기다립니다
그렇게 당신이 그립습니다

생각보다
가까운
내 사랑

사랑은 내 옆에 있습니다
사랑은 내 안에 있어요

사랑이 내 안에 있어 아내
사랑이 내 옆에 있어 여편네

그렇게 당신의 사랑은
가까이 있습니다

사랑
다시
생각해 보자

사랑이 뭐야
내가 좋아하면 사랑일까
네가 좋아해야 사랑일까

좋아하는 건 사랑 아니란다
내어줄 수 있어야 사랑이란다

내어 주라고 뭘 내 줄까
가진 게 없는데 뭘 내줄까

심장을 내어주고 가슴을 내어주고
그것이 사랑이란다

그렇게 사랑은 아파야 하는 것이다

이 세상의 사람은 다 예쁘다

세상에 아름다운 그녀
다가서면 도망가는 그녀

세상의 멋진 내 여인이
나를 돌아보는 순간
나는 멎었다

내 맘 들켜버려 어쩔 줄 몰라서
멈춰 서 있다

살짝 웃어주는 그녀 너무 사랑스럽다

이 세상 여인은 다 아름답다
이 세상 사람은 다 아름답다

그래도 내 여인이 더 아름답다

진심

진짜 그거 알아요?
심히 사랑하고픈 그거요

진심 다해서 사랑할래요
심심하지 않게 정성을 다할게요

진정 당신을 사랑한다면
심혈을 기울여 고백하세요

진짜 진심 진정
당신은 내게 목마름을 넘은 생명수에요

그렇게! 그렇게!
사랑은 영원입니다

정도
아파야
생긴다

정 주면 정이 올 것 같았어요
정은 주고받는 건 아닐까요?

쉽게 정 주면
받는 사람이 쉽게 잊어요

그래서 정은 주고받지 마세요

정을 주고 정을 받고
그게요 아프면 되더라고요

사랑만이 아파야 진정 사랑인 줄 알았는데
정도 그렇더라고요

사랑한다는
그것

사람이 사람을 사랑합니다
그것이 얼마나 힘든지도 모르면서 말이죠

사람은 알 수 없어요
살아봐야 알 수 있는 게 사람입니다

살면서 사람에게 느끼는 그 고통
참 힘들죠

그런데요 정말 그런데요
아직 모자라요

그 사람 아직도 모르는 게 당연해요
그렇게 사람은 모르는 게 답이에요
알려고 하지 마요

그래도 분명한건
서로를 사랑하는 것이 답일 거예요

고통을 넘어서는 사랑
그것이 사람이 사람을 사랑하는
참된 길이라고 믿습니다

과분한
사랑

과분하게 살고 있어요
사랑받으면서요

과하게 살다보면
조금은 참으라 하는 그녀가 있을 거예요

그녀가 나를 불러요
사랑하자고

과분한 나와 너의 사랑을
넘치는 우리 사랑을

참으면서 깨어 있을게요
넘쳐도 괜찮도록

사랑
말하지 마라

사랑은 조용히
말하지 말고 애틋히

너의 사랑은 분명
나보다 더 할 거야

내 사랑도 너보다
분명히 더 하니까

내뱉지 않고 가슴에 심고
가슴에 품고 드러내지 마라

너만의 소중한 사랑을
누구에게도 보여주지 마라

그렇게 말하지 말고 너만 간직하라
너만의 그 사랑을

사랑은
아픔입니다

사랑합니다 당신을
멋진 당신을 사랑했는데
왜 아프죠?

잘못된 사랑이라 아픈가요
어설픈 사랑이라 아픈가요
왜 아프죠?

어차피 사랑은 아픔입니다
아파야 진정 사랑을 깨닫고
아파야지 사랑 피어납니다

쉬운 사랑 그 어디에도 없답니다

한참을 아프고 아파서
생각해 보니 사랑일지도 모르겠네요
그것이 사랑이라네요

당신을 그리며

사랑이 아름다운 것은
오직 그대가 있기 때문입니다

내 사랑은 당신에게서 시작됐어요
그 사랑이 눈부시게 아름답네요

눈이 부신 당신을 내 맘 속에 그리며
펜을 듭니다

사무치는 외로움

나 어쩌죠?
혼자 남았는데
어찌하면 될까요?
넘 외로운데

그렇게 외로움을, 사무치는 외로움을
이제야 얘기합니다
이제야 꺼내 놓습니다

이러면 당신이 날 안아줄 것 같은데
이내 가버리네요

휘이휘이 네 갈 길 가라고
외로움은 대신 해 줄 수 없다고

안아주고 싶고 하나되고플 때 오라며 떠난 님

뒤늦게
그리운 님을
내 맘 속에서 살포시 꺼냅니다

하나
둘
셋

하나 하면 생각나는
내 하나

둘 하면 떠오르는
내 두리

셋 하면 다가가고픈
내 세연

하나 둘 셋
그렇게 그녀들은 떠나고

남아있는 나는
담배 하나 입에 물고
옛날을 떠올린다

텅 빈 가슴

텅 비어있다
내 가슴이

빈 가슴 어루만지니
스스로 애처롭다

저기에 있는데
내가 사랑한 그녀가

저기에 있는데
날 사랑한 그녀가

내가 몹시도 잘못했나보다

텅 빈 가슴 어루만지며
눈물 흘린다

가눌 수 없는 그리움

어둠이 내린 이 밤
그리움이 쌓입니다

가눌 수 없이 사무치는 그리움

소리쳐 불러도
가 버리고 오지 않는 그리움
이내 다가오는 그리움

그리움 먹고 삽니다

당신을 내 가슴에서 떠나보낼 수 없어
살짝 꺼내어 그리움 더합니다

그렇게 그리움 그리워하는
당신의 나입니다

내 맘 둘 곳

내가 주고픈 마음이 있다
내가 함께 하고픈 가슴이 있다

내가 너와 나눌 것이 있다
내가 너와 가고픈 그 곳에서

거기에 내 맘이 있고
내 가슴도 거기에 있다

내어주고 싶다
너 그리고 또 너에게

하나 남김없이
다 주련다 아무 미련 없이

너는 나에게 그렇다

술

술은 우리를 북돋우기도 하고 좌절시키기도 한다

기분 좋아서 마시고 슬퍼서 마시고

우리가 술을 마시는 이유는 천 가지 만 가지다

술주정

술을 마신다
조금만 마시자

술을 바라본다
조금만 하라 하네

술잔을 든다
그걸 바라보니 대답한다
들이키라고

들이키고 나니
세상이 흔들린다

세상은 흔들리며 가는 거라고
술이 내게 속삭인다

술 없이 사는 세상을
꿈꾼다

술

술이 있어 난 좋다
술이 있어 난 행복

술이 있어 흥 난다
술이 있어 참 좋다

술 없음 어쩌지
술 떨어짐 어쩌지

걱정하지 마
술은 마셔도 마셔도
끝이 없단다

왠지 아니?
그놈도 취했단다

한 잔

한 잔
바라보니 내 잔
자세히 보니 내 님
너무도 많은 것 생각하느라
잠을 잘 수 없는 내 운명

달라지겠지

술 취해 사는 세상
어지러운 세상

깨어 있으면 살 수 없어
술과 함께 하는 세상

그래도 꿈을 꿉니다
내일은 달라지겠지

정말 그랬으면 좋겠어

또 술

오늘 마실까
그놈이 하라는데

뭘 하라니
술 마시라 하자나

오늘 취할까 네가 권하니
오늘은 권하기 전에 벌써

한 잔 두 잔 석 잔
그렇게 쌓여가는 술잔을 바라보며
권주가를 부른다

내가 술이 되던
술이 내가 되던
우리 모두가 하나 될 때까지

술잔

한 잔하고 내렸다
또 한 잔 받아 두 잔하고 비웠다

세 잔째는 그녀가 따랐다
따르는 그녀의 가녀린 손

마디마디 손가락이 슬프고 아름다워서
난 스스로 네 번째 잔을 만들어 내게 주었다

오늘도 여지없이 잠에서 나타날 그녀를 맞으러
다섯째 잔을 비우는데 남아 있는 잔이 나를 붙잡는다

술과
여러 명의
나

술은 나를 불러낸다
내 안에 내가 여럿이다

술을 마시면 갇혀있던 내가 나온다
술 들이키면 여기 저기 숨어있던 내가 나온다

하나가 아니다 둘도 아니다
그렇게 나라는 인간이 하나 둘 스멀스멀 기어 나온다

내가 불러낸 나인지 술이 부른 나인지 모를 그놈이
술이 너이고 네가 술이라고 내게 속삭인다

여러 명이 이것저것 지껄인다

노 취

취했는데도
취하지 않은 것 같다

흔들리는데도
멈춰있는 것 같다
걷고 있는데도
그냥 서 있는 것 같다

얼마나 마셔야 취할까
얼마나 흔들어야 멈출까
얼마나 걸어야 그 걸음 멈추고 설까

분명 끝은 있을 터인데
취한 듯 취하지 않는 내가
궁금해하고 답을 찾는다

술 본능

난 오늘도
여지없이
술을 마셨다

마시는 동안에
많은 것들이 지나갔다

형 하고 부르는
동생들이 나타나고

호동아 부르는
형들이 나타났다

술 본능
매일이 멀다하고
마시고 마시는데

동생이 부르고
형님들이 부르신다

아직도 나는 모자라다
형, 동생 넘 많아서

어쩌지 내일은
친구랑 한잔해야 하는데

그렇게 나에게는
술이 동생이고 형이고
소중한 내 친구다

술친구

술이 있어 마시니
취기가 오른다

한 잔 두 잔 마시니
세 잔 넉 잔이 기다려진다

그렇게
술잔은 쌓이고

우리 못 다한
우정도 쌓인다

거짓과 진실

순간순간의 내 감정 내 느낌
그것이 진정 내 것입니다

차분하게 생각하고
가다듬은 내 생각 내 감정
분명 그것도 내 것이지만
각색된 내 것입니다

진정한 것은
순간순간 생각하고 느끼는
바로 그 감정입니다

그래서 술을 마십니다
술은 순간순간의 생각과 감정을 표출케 합니다
진정한 나를 불러냅니다

막걸리

막걸리를 마시며 잊고 싶다
털어버리고 싶은 아쉬운 순간들

그 작은 조각들 흩어버리려
막걸리를 마신다

막걸리를 마시며 생각나는
소중한 것들

아니 어쩌면 난 그 소중한 것들을
끄집어내려 막걸리를 마실지도 모른다

그렇게 우리는 작은 것들 하찮은 것들
아니 소중한 것들을 떠올리며 마신다

많은 것을 알려주는 내 친구 막걸리

오늘도 마신다
달기만 했던 그놈이 오늘은 내게
시큼한 맛도 주고 쓴 맛도 준다

그래서 막걸리는 더 알아가야 할
내 친구인가보다

오늘도 막걸리 한잔하고 소중한
기억들을 조각조각 모아본다

잊고자 했는데 다시금 모이는
내 삶의 후회 회한 즐거움 그리고 기쁨

한 잔 두 잔 세 잔을 마시며
모든 것을 어울려 놓는다

얼마나
마셨을까

지금껏
마신 술이 얼마나 될까

술 마시고
취한 게 얼마나 될까

그 마셔 젖힌 술이
어디로 갔을까

오줌이 되어
궁극에는 흘러갔을 거다

그러하니 또 마셔야겠지
마셔라! 마셔라!

술술술

술 마시기 좋다하고 과음하지 말기를
내가 과음하면 내 몸 망가지는 것을
술로써 술 좋지만 술 참을까 하노라.

취중간

술을 마시고 집에 왔다
기분 좋게 잠을 청한다

잠이 덜 깬 듯 일어나
어둠 속에서 생각한다

여기가 어딘가

여기는 발 딛고 살던 곳인데
왜 이리 낯설까

내가 여기에 있는 게 잘못인가
알 수 없는 두려움이 닥친다

여기를 벗어나야 하는데
얼마나 힘들게 가야 벗어날지 모르겠다

그래도 허우적거리며 갈 거다
늘 그래 왔듯이

그렇게 걷다 문득 발걸음 멈추고
곰곰이 흔적을 더듬는다

어렴풋 생각나는 그 중간 그 사이

그렇게 꿈에서 깨어나면
또 나의 오늘을 산다

그래도 멋진 삶이다

Part.3

가을의 사랑

자연. 장소.. 사람. 역사

일상(日常)

자연. 장소. 사람. 역사

우리를 둘러싼 자연
스스로 알아서 그렇게 우리를 숨 쉬게 하고 혼내기도 한다

우주와 세상을 이루는
자연에 우리가 둥지를 하면 장소가 된다

많은 장소에서 바로 우리들의 많은 이야기가 생겨나고

역사가 되기도 한다

하늘

하늘이 움직여야 한단다
어찌하면 하늘이 움직일까요?

지극 정성이란다
지성이면 감천이란다
그러면 하늘이 움직일까요?

들어서 안단다
그리하면 된단다
아는 대로 들은 대로 해보란다
정말 하늘이 그럴까요?

어찌하면 알까요?
세상 많은 사람들은 절대로
알면 안 되는 건가요?

사람이 알면 그것이 하늘이겠나
하늘을 알면 그 어찌 사람이겠나

그대 마음 속 깊은 그곳 그곳을 보게나
하늘이 보이는 그 순간 너는 사람이 아니어라

그 가운데 있구나

하늘이 되려는 사피엔스, 호모 데우스

하늘이 멀리 보인다
문득 그 하늘이 가까워진다
다가서야지 생각하고 뛰어 오른다
그래도 그 하늘 잡히지 않는다

구도자의 길
과학자의 길
너와 나의 길

헤아릴 수 없는 하늘 길

혼돈

순간순간 그게 뭐야
이 생각 저 생각
왔다 갔다 그런 거야

슬픔이 뭐야
작고 외로워지는 거야
눈물이라도 흘려야 슬픔이야

슬플 때 딴 생각도 나던데
그럼 그건 슬픔 아닌 가

기쁨이 뭐야
좋은 거야 행복한 거야
그런데 그 기쁨 왜 그렇게 짧아

그러게 모든 게 순간순간
슬픔도 기쁨도

아하! 그렇구나!
그런 게 세상이구나!

참 어지럽구먼!

산다는 것

정도의 차이
그거라도 인정하자

그래야 산다는 게
의미가 있겠지

억겁의 세월을
사는 게 아니잖아

사람과
인간

무릇 사람이란
사람이 아파하는 것을
가슴으로 느낄 수 있어야
사람입니다

무릇 인간이란
같이 살아간다는 것을
진정으로 느껴야
인간입니다

겸손

사람은 겸손해야 합니다
절벽을 만나도 좌절하지 말고 겸손하세요

하늘이 알고 땅이 압니다
그대 실천하는 사람이란 걸

겸손하면 보입니다
당신이 찾고자 하는데
보이지 않던 바로
그곳이

무지와 오만

내가 누구일까
나는 어디서 왔을까

그 시작을 찾을 수 있다면
조금은 쉽게 시작할 수 있었는데

내가 왜 여기에 있는지 모르는
아니 알고자 한 적 없는 그 이유로
나는 벌을 받고 있습니다

나는 태초에 하늘이 있었다는 것을 믿을 수 없습니다
그것은 태초에 내가 있었다는 것과 무엇이 다른가요?

이런 오만함이 나에게 형벌입니까
의문을 표함이 죄인가요?

묻고 또 물어도 답이 없네요
그래도 나는 구합니다
답을 주세요

어디서 왔는지 왜 왔는지 모른 채
겪어야 하는 당해야 하는 형벌들

그래서 생각합니다

하늘은 왜 여기에 있는가?
해는 왜 뜨고 지고 달은 또 왜 차고 기우는가?
바람은 어디서 오고 구름은 어디서 오는가?
물은 왜 거기서 그렇게 흐르고 또 멈추는가?

스스로 그러하단다
그래서 자연이란다

내가 여기 있는 것도
하늘이 여기 있는 것과 마찬가지이니

그대로 자연이리라
무지와 오만도 다 그대로 자연이리라

마이애미
그림

1

밤에 찾아 온 마이애미 화려함의 설렘
창 밖에서 전해오는 바다 내음 바다소리
연이어 지나가는 아름다운 풍경들
모든 것을 다 갖다 놓고 싶었던 Vizcaya
예쁜 집 예쁜 거리의 전주곡 Coral Gables
깨끗하고 아기자기한 다운타운
Bal Harbor와 Star Island 화려함을 더하고
넓고 깨끗한 비치 한가로운 울타리를 두르네
아쉬운 날에 눈을 뜨니
파란 하늘과 바다가 작별을 고하네
항상 이 자리에 있을 터이니 떠남을 슬퍼 말라고

2

마이애미, 그 곳은 참말 좋은 곳이지
너에 대한 칭찬 그것은 참말이었어
정말로 너에게 푹 파묻혀 있고 싶었으니까
너의 겉모습뿐만 아니라 속살까지 보듬고 싶었어
나 이제 아쉬움을 차곡차곡 접어서
베개 밑에 넣어 놓고 밤마다 살짝살짝 꺼내어

그리움을 더할 거야
그렇게 너를 잊지 못하는 나는
틀림없이 너를 다시 찾게 되겠지
마이애미여 안녕
다시 찾는 그 날은 아쉬움의 살풀이

구름품은
하늘

구름
하늘

하늘에
구름이

뭉게구름
하늘 위에

하늘이 도화지
구름은 수채화

기름 먹은 구름을
하늘에 뿌렸다

그래도 하늘은 용서한단다
그래서 하늘이란다

낙엽

사르르 투둑 투둑
우수수

떨어지는 이파리
흐트러지며 떨어지는
낙엽과 같이

내 마음도 떨어지네

안타까움을 잡지 못하고
애가 타는데

이 가을 잡아 두지 말고
보내라 하네

가을이 가야
겨울이 오고

그 겨울 지나야 봄은 온다고

애가 타는 안타까움도 버려야
새로운 설렘이 시작할거라고

떨어지는 낙엽이 전해 주네요

우주.
코스모스

우주는 공간이다

동에서는 집을 무한히 확장했다
집 우 집 주 넓을 홍 거칠 황

끝이 없이 넓고 거친
그래서 거기에 무엇이 있을지 가늠하기 어려운 곳

서에서는
코스모스 스페이스 유니버스
조화이고 어울림이다

거칠 것 없는 조화의 공간에서
우리는 참 좁게 살고 있다

사실은
끝없고 거친 무한한 우주이고
어울리고 어우러지는 세상의 확장인데

힘드니

힘들다 하지 마라
너보다 힘들지 않은 사람 없다

외롭다 말하지 마라
너보다 외롭지 않은 사람 없다

보고 싶다 말하지 마라
보고 싶은 사람 너보다 적은 사람 없다

내가 제일 힘들고
내가 제일 외롭고
내가 제일 보고 싶다

그래도 너보다 더한 사람 있다는 것
그래서 세상은 살만한 거다

그렇게 우리는 살았다

그렇게 우리는 살아 왔다
모진 비바람인지도 모르게
우리는 그렇게 살아왔다

이제와 생각하니 모진 비바람이지
그때는 그냥 삶이었다

그렇게 우린 살았다

자연과 나

자연이 뭐지
그대로 그런 거 그게 자연이다

나는 뭐지
너대로 그런 거 그게 너란다

자연과 내가 하나 되면 뭐지
글쎄 죽음이 아닐까
살아서 내가 자연일 수는 없을 터이니

자연은 자연이고 너는 너인데
왜 굳이 하나 되려 하니

그러게
내가 자연으로 돌아갈 때가 되었나보네

흐트러짐과
정갈함

어지럽게 피는 꽃
정갈하게 피는 꽃

흩날리는 꽃잎
조용히 지는 꽃잎

흐트러지며 걷는 사람들
정갈하게 걷는 사람들

오늘 흐트러졌다고
내일도 흐트러지는 거 아니고

오늘 정갈했다고
내일도 그러는 건 아니다

그게 내가 생각하는
세상의 이치다

결국에
내린 결론

사람은 날 때부터 선하다
아니 날 때부터 악하다

한참을 생각하고 곱씹어 봤다
성선이 맞을까 성악이 맞을까

사람에 따라 다를까
그럴 거 같은데 그게 아닌 거 같아

내가 내린 결론은 있지만 숨겨둘 거야

착한 놈은 착해서 죽고 나쁜 놈은 나빠서 죽는 거지
그게 아주 쉬운 답이야

그렇지만 가만히 들여다보니 그 안에 다 있더라
착한 맘 악한 맘

결론은 내 마음이야
사람을 사물을 자연을 바라보는 바로 내 마음

신진시장
곰창거리

황학동 벼룩시장을 출발해 걷는다
한 번도 거닐지 않았던 청계천의 또 다른 한 쪽

멋지다 아름답다
이런 곳이 있었구나!

개천을 따라 걷고 있는데
왜 라고 소리치는 이 있어 바라보니
나름 날개를 멋지게 펼친 새 한 마리
고함치고 날아간다

뭐야 저게 뭐지
그게 왜가리란다
듣기만 했던 왜가리
그 모습 그 울음을 오늘 들었다

또 다시 발걸음 재촉해 걷는데
마주해 오는 여인 둘 소스라치게 놀란다
왜냐고 묻고 싶은 마음에
이내 용기를 내어 말을 건넨다

답하기를 새 한 마리 이상한 울음 내며 지나갔단다
그게 왜가리랍디다

그 놈 참 목청 큽디다

다시금 걸음 내딛는데
어린 아이 하나
개천 물을 바라보며 소리친다

여기에 있다
다가가 바라보니
정말 엄청 커다란 잉어와 메기가 노닐고 있다

참 여유로운 밤이다
정말 정겨운 어둠 속의 빛을 발하는 그들이다

많은 얘기들이 지나간다
어렴풋이 옛 추억이 떠오른다

그 즈음에 청계천을 떠나 위로 오른다
여기가 어디쯤인가
종로 5가인가 6가인가 그쯤일 듯 싶다

오르면 광장시장
내리면 신진시장이란다

오늘 발걸음을 신진으로 잡고 내려간다
오랜만에 보는 정겨운 거리 정겨운 웃음
그 거리가 아득히 떠오른다

그래 예전에 나는 이곳에 있었지
그리움마저 잃어버린 내게
추억과 아련함을 선사하는 이 거리

이곳이 신진시장이다
거기에 나는 곱창거리에 와서
소주 한잔 기울이며 느낌을 적는다

하늘 아래
땅 위에

하늘 아래서 숨을 쉬고 있다
땅 위에서 숨을 뱉고 있다

여기는 분명하다
하늘과 땅 그 사이
거기에 내가 서 있다

힘들어 쳐다보니 하늘
지쳐서 고개 숙이니 땅

정신 똑바로 차리고 바라보라 위 아래를
위가 땅인지 아래가 하늘인지

뒤집어도 뒤집혀도 정신 차리면 된다
분명 하늘과 땅 사이다

어차피 하늘 아래 땅 위에서 우리는 산다
기뻐도 하늘 아래 슬퍼도 땅 위다

우리 모두는
그곳 바로 이곳 그 사이에 있다

비가 온다

드디어
하늘이 열렸다
답답한 마음 둘 곳 없는데
퍼붓는 비가 내 맘에 살며시 다가온다

예측을 불허한다
퍼붓는 이 비가 나를 되돌아보게 한다

흠뻑 젖고 싶은데
내 마음도 내 주고 내 기억도 내 주고
정말 젖고 싶은데

또 틈새를 보여준다
살며시 약해지는 빗줄기에 어느덧 내 맘도 수그러진다

또 다시 격랑을 친다 내 언제 그랬냐는 듯이
그래서 나 다시 옷소매 다소곳이 매만지며 묻는다

또 제가 잘못했군요!
그렇게 이 비는 나를 꾸짖지만 조금은 틈을 준다

이제 두 눈 감고 깊은 곳으로 들어가라고
거기서 헤어나면 맑은 해가 너를 기다릴 거라고

베로나의
카르멘

베로나 원형 경기장
검투사의 칼날이 묻혔다

녹슨 그 칼이 숨을 쉰다
조용히 숨죽이며 옛날을 묻는다

그 곳에 찾아와 묻는다
그 옛날 묻어 둔 것이 뭐냐고

네가 찾는 것이 내가 묻어 둔
바로 그것이다

네가 못 찾은 것도 내가 묻어두었거늘
조급해하지 말고 찾아라

검투사의 사랑은 가고
더 큰 비극을 알리려 그들이 말한다

카르멘! 카르멘
내 질투를 어찌 감당하려 하는가?

베로나의 원형경기장
오페라가 숨 쉰다

검투사와 카르멘과 내가
여기 함께 서있다

베로나를 떠나며

머나먼 땅
내 알지 못하던 곳
베로나

소설 속
로미오와 줄리엣이 태어나고
사랑을 나누었던

늦은 밤에 찾아왔다
아레나 원형경기장

여기저기 찰칵찰칵
마음에 담고 추억에 올린다

카르멘! 카르멘
내게 한 번쯤은 사랑한다고
말해줄 것 같은 여인이
저 무대에 올라있다

당신이 나를 단 한번
단 한번만이라도 사랑 준다면

나는 상상도 못한다

어찌 당신 몸에 아픔도 아닌
죽음을 안기겠나!

눈을 감고 싸늘히 식어가는
당신 카르멘을 소리쳐 부른다

누가 들을세라 크지만
안으로 파고드는 내 외침

카르멘! 카르멘
당신 옆에 내 있으면
그리 하지 않을 거요

오페라 카르멘은 분명
다시 쓰여졌을 거외다

차라리 내가
당신 손에 쓰러지고 싶소

그렇게 나만의 각색을 하오
완성본은 조금만 시간을 주오

그대와 내가 영원히 같이 할
멋진 스토리를 만들어 보겠소

한 시간
두 시간
세 시간
네 시간

겹겹이 많은 것을 담았소

어느덧 시간이 흘러
아레나를 떠나야 하오

진한 여운이 남아
무대 곳곳 내 셔터를 눌러보오

잘 있으오
내 약속하오
정말 멋지게
당신을
꼭 살려내겠소

우주와 티끌
그리고 의미

우주와 티끌
그렇지만
의미를 찾아야 한다고 하는 사람들
부질없다 하는 사람들

그 한 자락 티끌에 서서
의미를 찾고 있는 누군가 있겠지

위대한 사람일까
아니 어쩌면 나약한 사람일까

무엇인들
사라지지 않는 것이 있으랴

그렇게
우주와 티끌도 변하고
또 변한다

부산에
와서

부산
해운대
달맞이

파도소리
그 소리에 실어
너에게 사랑한다 했다

다시 찾은
부산
해운대
달맞이

그때 파도소리
아직도 들리는데

사랑했던
그녀는
이제는 없다

부산
해운대
달맞이는
그대로인데

우주

우주는
무한이다

우주는 내가 갖지 못한 것
그래도 갖고 싶은 것

우주 네가 내 맘 알 것 같아
네게 말했더니

세상을 가져 오라는구나
세상이 뭐 길래 그러나 했지

우주가 보고픈데 세상이 필요하면
내가 그리 할게

우주와 세상을
반드시 꼭 하나로 만들게

더 이상 우주 찾지 말고
우리를 찾자 너와 나 바로 우리

그게 우리 세상
너와 내가 숨 쉴 곳

백제에
서서

오늘 백제에 왔다
익산 부여에 그 분들이 있다

살아 숨 쉬는 그 모습이
내 앞에 펼쳐져 숨이 멎는다

그렇게 난 숨 들이 마시고
옛날의 그곳으로 빠져든다

백제
백년이 흘러
제대로 왔는데
여기에 그 분들은 없다

그래도 나 여기에 서서
그 분들을 떠올리며 조용히 눈을 감는다

그 속에서 내가 환히 웃는다
그 안에 그 분들이 있다

또렷해진다

술을 마셔도
정신이 맑아지고 또렷해진다

옛 땅에 서서
그들과 같이 있기 때문일까

그 분들이 내게 들어온다
오래된 터에 서면 난 그대로 옛날 사람이다

술이 익어가며
그분들 것이 내게 또렷이 각인된다

한잔 술에
또 다른 그 분들을 영접한다
또 다시 또렷해진다

하늘
구름
별
달

하늘은 파래서 좋다
구름은 뭉개서 좋고
별은 빛나서 좋고
달은 은은해서 좋다

하늘에 떠 있는
구름 속에
별이 숨어 있을 거야
달과 함께 사라졌거든

하늘 청명한 하늘
구름 피어나는 구름
별 반짝이는 별
달 밝게 비춰주는 달

하늘에 우리 사랑을
구름 속에 심었더니
별처럼 빛나면서
달처럼 은은히 우리를 지켜준다

*두려운 길
가보고픈 길
그 끝은*

시작이다

참 많은 것이 지나가고
어울리고 헤어지고
복잡다단한 숱한 얘기들이
끄집어내어지고
지치고 힘들고 그렇게 죽었다 살아나서
다시 또 죽는 그런 이야기다

그 시작은
태초에 인간이 태어나기 전부터이어야
할 것 같다

인간도 어쩌면
두려움의 산물

그 두려움의 길을
걷는 짐승이 있어 만들어지고 창조된 것

두려움 떨친 그 짐승이 있어
역사가 시작됐다

누구는 역사를 기록이라 하지만

분명코 기록 이전도 역사다

기록되지 않은 역사도
흔적은 있으니까

흔적을 더듬어
역사를 넘어서

그렇게 시작한다

일상 日常

일상의 즐거움
일상의 괴로움

매일 매일 우리들 이야기는 피어난다

눈물

눈물 나네요
사실 참으려고 애쓰고 있답니다

참지 마세요
눈물은 원래 흐르는 겁니다

흐르게 놔두세요

흐르는 눈물
못 흐르게 하면

정말로
그것이 너무도 슬퍼지자나요

질문

외로워요?
아니요

허전해요?
아니요

슬퍼요?
아니요

그럼 왜?

나는 사람이니까

바람 부는 날

바람이 부네요
이 바람이 나를
어디론가 보내주면 좋겠습니다

어디론가 훌쩍 떠나고 싶은데
나는 왜
내 머물던 그곳이 궁금할까요?

그대여
바람 불면 당신의 몸을 맡기세요

그 바람 어디론가
보내줄 거예요

내 사랑 그대가 원하는
바로 그곳으로

외로움

감추지 마세요
그마저도 감추면
정말 슬퍼져요

차라리 우세요
엉엉 소리 내어 우세요

눈물 꾹 참는데
터져 나오는 외로움은
정말 슬퍼요

고통에 대한 단상

참을 수 없는 고통은 없습니다
단지 참지 못하는 거죠

고통은 참으면 잊힐 거라 생각했는데 잊혀지질 않네요
잊힐 고통이라면 고통이 아닌 것이겠죠

고통은 그대로 고통입니다
참아도 없어지지 않고 참지 않아도 고통입니다

참은 고통은 매듭지어지고 어디론가 없어진 거 같습니다
그런데 그 고통은 언젠가는 아니 수시로 맴돌고 다시 떠오릅니다

참지 않은 고통은 어디로 향할지 알 수 없습니다

아픈 그 고통을 멈추게 하지만 또 다른 고통의 출발입니다

참아라! 참아라! 네가 참아라!
참는 것이 이기는 것이고 지는 것이 이기는 것이다
모르겠습니다 진정 참는 것이 이기는 것인지

언제 알게 되나요 그 진실을
참는다는 것이 진정 정답인지를

참아서 잊고 살고 가끔 떠오르면 또 다시 고통스럽지만 하나의 고통
참지 않아 터뜨리고 벗어나지만 또 다시 더해지는 고통

이것도 선택이나요?

참는 선택 참지 않는 선택
봉합하는 선택 깨트리는 선택

그래도 아직은 봉합하는 선택을 해 봅니다 늘 그래왔듯이
참아내면 한동안은 잊힐 테니까요

그렇게 나는 또 하나의 산을 넘습니다
언젠가는 진실을 마주하리라는 헛된 기대를 내세우지도 못하면서

변덕

세상은 참 변덕쟁이네요
좋아지면 싫어지고
싫어지면 다시 좋아집니다

잊으려하면 생각나고
생각하면 다시 잊혀지는
그런 변덕을 부리네요

그런 변덕이 싫어서
잠들려 하면 또 깨어나네요

깨어나 개운했으면 좋겠는데
왜 그것은 변덕이 아닐까요?

우왕좌왕

오늘 아침 눈을 떴는데
어제 잠들 때 생각이 어디로 갔는지
한참을 곱씹어 봐도 떠오르질 않네요

그런데 문득 생각나는 것이 있어
들추어보니 잠을 자다 꾼 꿈인가 봐요

아무것도 남는 것이 없는 삶을 그렇게 바쁘게
정신없이 살고 있네요

그래도 꿈이라도 남아
살며시 미소지으며 오늘 또 하루를
시작합니다

내일은 또 오늘의 반복이겠죠

일상일까 불면증일까

일찍 잠자려 누웠어요
그런데 핸드폰이 날 또 불러요

그놈 집어 들고 한참을 봅니다
걱정을 하면서 그러면서도 즐겁습니다

세상은 왜 이리 궁금하고
새로운 게 많나요

이리저리 보다보니
한 시간이 훌쩍 지났네요

이제는 정말 자야 돼
그런데 왜 이리 머리를 맴도는
네 생각 그님 생각 그 많은 생각

열 시간 자려 누웠는데
이내 깨어 여덟 시간
뒤척이니 여섯 시간

이제는 시계 안 볼 거야
다짐했는데

참지 못하고 다시 보니
네 시간 남았어요

우 씨! 오늘도 날밤 새우겠다

가까스로 잠드니 이내
알람이 울립니다

제기랄!

게으름

한 번 시작하고 나니
어쩔 수 없네
타고난 게으름
달콤한 나만의 늦잠
나만의 자유

살아가는 것

태어나지 말아야 했는데
태어났어요

자라지 말아야 했는데
자랐어요

보지 말아야 했는데
봤어요

멈추지 말아야 했는데
멈췄어요

그래도
다시 태어나고
다시 자라고
다시 보고
다시 멈춰도

안아 주세요

우리에게 필요한 건
정말 우리에게 필요한 건

서로를 꼭 안아 주는 거예요

맘 졸임

새벽부터 간절히 기도합니다
떠오르는 해를 보고도 말하고
아직도 떠 있는 달에게도 얘기합니다

제발 조금만 더 일찍 나오고
제발 막힘 없이 조금만 더 빨리 들어가라고

내 아이가 준비한 모든 걸 다 풀어 놓을 수 있게
한걸음 한걸음 걸을 때마다 간절히 바라고 바랍니다

가슴 졸이며 맘 졸이며 그 시간을 잡아두려 합니다
정말 내 모든 것 내어 줄 테니 꼭 들어달라고 수천 번
되뇌고 되뇝니다

시간이 되어 타는 가슴 맘 졸이며 연결했습니다
이내 터져 나오는 울음소리에 덜컥했는데

다행입니다
감사합니다

하늘이 유난히 푸르고 눈이 시립니다

고마워 내 사랑 내 효주

관계

태어나며 관계를 맺고
자라며 관계가 깊어지고

새로운 관계
즐거운 관계
불편한 관계
편안한 관계
버거운 관계

관계가 끊어지면 안 될까
정말 혼자서는 살 수가 없나

관계 속에서 관계를 맺고
관계가 이어져야 존재가 알려지는 세상

어차피 관계해야 살 수 있다면
짜릿한 관계이고 싶다

떨쳐버릴 그 날이 올 때 까지는
짜릿한 관계를 가지다
세상을 끝내고 마무리지었으면 좋겠다

일상의 즐거움

오늘 눈을 떴다
또 하루 시작이다

오늘 눈을 감고 잠들 때까지
나는 많은 일을 할 거다

그래 물론 멍 때리며 쉴 때도
있을 터이다

하루가 짧기도 길기도 하다
거기에는 내가 웃고 떠들고 화내고 신나고 지치고
심지어 졸릴 때도 있고 만사가 귀찮을 때도 있다

그렇게 우리는 일상을 보낸다
그런 일상이 쌓여 내가 만들어지고 다듬어지고 성숙해진다

난 그래서 내일도 오늘이었으면 한다
너무나도 당연하게 그리된다

이렇게 하루하루 쌓여 내가 여기에 와 있다

순간순간이 일상인데 한참을 지나서 바라보면 변해있다

매일매일 살아가는 나인데 일상 속에 나인데

그러니까 일상의 즐거움을 느끼자

이차전지를 닮고픈 수면

내 잠을 빼주고 싶네요
건전지처럼

성능이 다 된 건전지 같은
찌뿌둥한 내 수면

다 빼주고 남는 거 없으면
그때는 다시 채울 수 있으려나

그때는 많고 많던 모자란 잠
실컷 잘 거니까 깨우지 마세요

실컷 자고 일어나도
충전하면 또 다시 달콤한 잠

이차전지이고 싶은 내 잠
거기서 꿈꾸는 내 꿀잠

걸음

걷다가 하늘을 본다
걷다가 땅을 본다

걷다가 네 생각한다
걷다가 내 생각도 한다

걷다가 왜 그랬을까
후회하기도 하고

걷다가 잘했다고
스스로에게 칭찬도 한다

걸음걸음 내딛을 때
참 많은 것이 지나간다

그래서 걷는 것이 좋다
한 걸음 두 걸음

한 걸음에 한 가지 생각이 나고
두 걸음에 천 가지가 지나간다

그렇게 걷다보면
풀리지 않던 수수께끼도 풀린다

걸음걸음

쫄지마

참 모르겠다
참 모르겠다

정말 난 알 수 없다
진짜 알 수 없다

어쩌지! 어쩌지 나
정말 참말 모르겠는 걸
숨을 곳도 없는데

어찌하나 나 어쩌지
에라 모르겠다
두 눈 꼭 감고 될 대로 되라 잠을 잔다

눈 떠보니 허 허 허
내 살던 그 세상 그대로네

괜히 쫄았어!

아픔도
슬픔도
즐거움도

아파요
아프니까
내 마음을 씁니다

슬퍼요
슬프니까
내 그렇다고 얘기합니다

즐거워요
즐거우니까
좋아서 지껄입니다

그렇게
우리는 쓴답니다
내 마음을 내 생각을

그렇게 쓴 것이 내 시입니다

그렇게 내 마음 표현하고 나타낸 것이
내가 써 젖힌 내 아픔이고 슬픔이고 즐거움이고
내 삶 내 시입니다

난 항상
어리다

내가 초딩일 때
중딩 형들은 하늘이었다

내가 중딩 되니
고딩들이 어른이고 하늘이다

나도 저렇게 되겠지
분명 고딩 되었는데
내 생각하던 그게 아니다

나보다 더 멋진 대학생
형과 누나 그리고 오빠들

어쩌지 나 대학생 되었고
또 세월이 더해 대학 졸업했더니
사회라는 새로운 막이 열리고 그리 오라 한다

이제 다시 시작이다
과장이 하늘이고 국장이 하늘이고
어디서는 차장이 하늘 부장이 하늘이다

왜 나는 그 자리에 올랐는데
여전히 어릴까 여전히 부족할까

세월이 또 흐르고 흘러 나이 육십을 바라보는데
여전히 난 어리다

왜 그럴까 왜일까
내가 항상 모자라서일까

아니야!
그건 내가 아직 젊기 때문

그렇게 난 죽을 때까지 어리다
그래서 인생을 모를 순 있어도
난 항상 젊다

난 죽을 때까지 어리다!

내 그릇

내 그릇은 클까 작을까
넉넉할까 답답히도 좁을까
아니 내 그릇이 있기나 할까

이것인 줄 하면 저 놈이 가져가고
요건가 하면 이내 없어진다

그래서 난 그릇이 없다

내게 그릇이 있다 해도
분명컨대 줄줄 새는 그릇일 게다

어차피 내가 지키지 못할 그릇
다 내어 주고
난 그릇 없이 살련다

작은 그릇 지키려다
지쳐 쓰러지지 말고
그 마저도 내어주고
난 그릇 없이 살란다

그래도 허전하면
다시 내 그릇 내가 만들련다

어쩌나 만들면 또 없어질 텐데

그래도 만들어 너 주고
또 다시 난 그릇 없이 살란다

그릇되게 그릇 찾지 말고
그릇 없이 그릇 없이

다 내어 주고 살련다
그릇됨 없이 그릇 없이

Part.4

겨울의 사랑

분노. 회한. 안타까움.
푸념. 넋두리

분노. 회한. 안타까움

매일의 일상
하루가 멀다 하고 일어나는 사건들

때로는 분노가 치밀고 화가 치민다

왜 그랬을까하는 반성과 회한의 시간들

안타까움에 차라리 눈을 감기도 한다

외면

보입니다 그곳이
두 눈 크게 뜨고 보니까
보이네요

안보이던 아니 보고 싶지 않았던
바로 그곳이

나 어쩔 줄 모르겠어요
왜 그렇게 크게 보이나요

이 부끄럼을 어디로
감출까요

안타까운 무력감

세상이
내가 걱정하는 대로
흐르지 않으면 좋겠어요

묻고 또 묻고
그렇게 물었는데

세상은 내가 틀리다 하네요

세월이 흐르고 흘러
억겁이 오기 전에

그래도 내가 틀리길 바랍니다

똥물

똥 묻은 쇠사다리를 걷어차고
색칠한 수수깡 사다리를 놓았을까?

빡빡 오물을 닦아내고 악취를 걷어내는 동안
과연 저 사다리가 버텨줄까?

저 사다리 겉모양과는 달리 진정 수수깡이라면
이내 무너지고 말겠지

무너져도 슬퍼하거나 좌절하지 말자
그런대로 살만할 거야 똥냄새는 안날 테니
비록 피비린내가 날지도 모르겠지만

절대로 고개 들어 밖을 보지 말자
그들과 우리는 선택한 길이 다르단다

안에서 서로 웃어주며 살자
그때는 경멸할 대상도 없어져 있을 터이니

바라건대 그 날이 오면 경멸하고 조롱할
대상을 만들지 말자

다만 두려울 뿐이다

이데올로기적 전환과 가치의 변화가
탄탄한 기초 없이 분노와 똥물 회피에 기생하여
정치공학적인 경멸과 조롱으로
새로운 세상을 어쩌면 나약하기 그지없는
포장된 세상을 만들어 낸 핵심이 거대한 자석이 되어
그들의 승리를 만들어 낸 것일지도 모른다는 생각이
나를 짓누른다

지키고자 노력하는 것이 무의미한 세상이다
지키자고 하는 이는 그 또한 똥물일 뿐이다

억누름 그리고 갈증

나는 오늘도 눈물을 참는다
나는 오늘도 눈물을 삼킨다
나는 오늘도 눈물을 마신다

참고 삼키고 마셔도
풀어지지 않는 갈증
채울 수 없는 목마름

애타는 내 마음

하나
둘
그렇게

포퓰리스트들과 지지자들의 환호 속에 나라는 망가져간다

힘 있게 주장하던 외치던 자들이
목소리가 작아지고 잦아든다

그들의 아우성이 못내 두려워서일까
어쩔 수 없는 무력감일까

그렇게 하나 둘
속절없이 그렇게

정말 두렵고 무서운 것은

그렇게 하나 둘
속절없이 그렇게

미약해지고 사라져가는 것이다

안타까움
그리고
무기력

점점 미쳐간다
스멀스멀 기어 나오는 광기

하나 둘인가 했더니
헤아리지 말란다

집단감염 전체주의가 아니란다
오직 국민의 뜻이란다

이것이 길이요 진리이니
너희들은 따르라

여러분이 바로 우리가 만들었다
탈을 쓴 오만방자 몰염치한 것들

언젠가는 외침이 나오겠지
민주주의라는 이름으로

일장춘몽

어느 날 그 어떤 어느 날
한바탕 꿈을 꾸었네
화사한 봄날을

어느 날 그 어떤 어느 날
한바탕 꿈을 꾸었네
세상이 무너진 겨울을

어느 날 다시금 그 어느 날
또다시 꾸었네 그 꿈을 그 악몽을
꿈도 꿀 수 없는 세상이 펼쳐지고 있는 꿈을

꿈이었으면 하네
이 기막힌 현실이 두려워
차라리 눈을 감네

무제

내가 죽던 네가 죽던
끝을 보고 싶다

처죽이던 처죽던
피를 봤으면 좋겠다

처죽임을 당한 내 주검이
피를 철철 흘려 세상을 내 피로
붉게 검붉게 물들이면 좋겠다

마지막 힘이라도 남아 있으면
내 붉은 피를 세상에 흩뿌리고 잡다

겁 많은 짐승

아 씨발!
이놈 저놈
다 겁 많은 짐승!

그래도 살만해?

세상은 요지경 그래도 세상은 살만해?

세상에 나와
상상하지 못한 일을 겪으면서도
은연 중에 꿈꿔왔던
요원하지만
지금은 단지 꿈이겠지만
경이로운 세상을 품었습니다

그런 세상이 무너지는
내일도 없는 그런 세상을
도무지 생각할 수도 없던 지옥과도 같은
세상이 펼쳐지는 현실에
상념에 젖어듭니다
은혜로운
살만한 세상이
만개하기를 꿈꾸던
해맑은 그들을

정녕 꿈이런가?

기둥과
부끄러움
그리고 진리

기둥이 뭔가요?
중심이라네요

중심은 뭔가요?
균형이랍니다

그래요
그렇군요!

그럼 말씀하신 균형은
어찌하면 이뤄질까요?

멀리 떨어지세요
보일 듯이 보일 듯이 보이지 않는 그곳이
두 눈 크게 뜨면 보입니다

부끄러워지면 보입니다
부끄러움을 아는 순간이 진리입니다

똥을
푸다

열심히 똥을 퍼 나른다
이놈 똥 저놈 똥
어제 똥 그제 똥

이것도 똥이란다
저것도 똥이란다

참 많이도 싸질러 놓았나 보다

이리 저리 많이 퍼 나르고
있는 똥 없는 똥 다 푸었으니
깨끗해 질 때도 되었건만
똥 찾기 똥 푸기 끝이 없다

아 그런데 어쩐다냐!

내가 싼 똥이 우리가 싼 똥이
산을 이루고 바다를 이루고 있다
나는 우리는 똥을 안 쌀 줄 알았는데

어찌할꼬! 어찌할꼬!

이 똥 저 똥 새로 퍼질러 싼 똥

이건 또 누가 치우려나?

음 냄새가 난다
허허허

플랫폼

세상이 다 플랫폼
거기에 가야만 연결되네요

거기 가서 우리가 떠들고 노는데
그 자취 그 냄새를 담아 두더니

그걸 가지고 우릴 조정하네요
그걸 가지고 저들은 신이 났네요

플랫폼은 만남과 헤어짐이었는데
그 추억의 플랫폼은 한편으로 밀려나고
오늘의 플랫폼은
돈벌이의 장소가 되었네요

어쩌나! 어쩌나!
내가 그곳에서 친구들과 정신없이 놀았더니
그걸 깔아 논 그들은 저절로 배가 불러지네요

플랫폼은 새로운 착취 또 다른 탐욕!

추락

끝없이 떨어지는 추락
바다 모를 심연

기억하는 곳은
산의 막다름 낭떠러지

아득히 밀려오는 추억
이제야 편안해 지려나

내리꽂는 가속도에 제어를 해보는데
이내 첨벙하더니 정신을 잃었다

깨어나 보니
여기가 내가 꿈꾸던 내 마음의 심연

나락으로 떨어진 내 친구
여기는 우리 고향

우리 여기서 다투지 말고
행복하게 살자

찾을 수 없는 답

우리는 모두
찾을 수 없는 답을
찾고 있어요

답은 저기 있는데
우리는 외면합니다
애써서 외면합니다

외면하지 마세요
직시하세요
바로 옆에 있어요

우리가 찾고자 하는
바로 그것 말이에요

상식

상상하는 거 이상이네요
초월이는 여자인줄 알았어요

그런데! 그런데!
그 초월이가 그놈들이네요

왜 이리 되었을까요?
왜 이리 망가졌을까요?

초월이는 여자가 아니었어요
탈을 쓴 그놈 이었네요

어쩌나! 어쩌나!
그것도 업보인 것을

아시나요?

그거 알아요?

말하고 싶은데
말할 수 없는 거

내뱉고 싶은데
뱉을 수 없는 거

그런 게 이 세상

우리 몫

상식이 통하지 않는 나라

주절이면 주절대는 대로
주절거리며 따르는 나라

이제 그 나라 어디로 갈지
궁금하세요?

그건 여러분의 몫
우리의 몫

어리석지만 깨어있어야 할
우리의 몫

무섭다

무섭다 세상사는 게
두렵다 살아 있는 것이

시간이 갈수록
더 많은 것을 알아 갈수록

왜 알면 더 모르게 되는지
왜 다가가면 멀어지고
왜 사랑하려는데 떠나가는지

정말 사는 게 두렵다

화내지 마

화가 나니
치밀어 오르네

우리 차분해지자
우리 셋을 세자

이 세상 살다보면
어찌 화가 안 나겠나?

화를 풀면
그 화를 입는 사람이 있다는구나

화를 안으면
내 속이 타들어간다

내 진정 내 속이 다
타서 재만 남아도

끝까지 태우련다
그대들을 위해서

포옹

나 뭐야
왜 살아 있을까

너 뭐야
왜 거기 있는데

어지러운 세상에
서 있으려니 참 힘들지

이리와
내가 꼭 안아줄게

공허한 메아리

다시는 이런 일이 없도록
그러나 되풀이 되는 참사
또 다시 원인규명과 근본대책
참 공허한 메아리

어쩌면
듣는 이 없는 기억할 이 없는
공허한 메아리조차 아닐지도 모르겠다

메아리도 되돌아 올 수 없는
메아리마저 사라진
이곳에서 그곳에서 우리는 살고 있다

모두가 공허한 눈물, 비난, 참회의 반복
참 공허하다 공허하기만 하다

메아리가 살게 하자
모든 이가 또렷이 듣게 하자
손에 손을 잡고 틈새 없이 둘러싸
메아리가 끝없이 살게 하자

이태원 메아리가 끝까지 살아가게 하자
다시는 같은 말 공자말씀 반복되지 않도록

지치고
힘들 때

지치고 힘들 때
여러분은 뭐해요?

고개 들어 하늘 보나요?
고개 숙여 땅을 보나요?

하늘이 뭐라나요?
땅이 뭐랍니까?

하늘이 알려주던가요?
땅이 답을 주나요?

누구도 그 누구도
하늘도 땅도 답은 없어요

그러니까
당신이 찾으세요

찾지 못하겠으면 그냥 주저앉아
치쳤다고 얘기하고 힘들다고 말하세요

그러면 보일 거여요
희미하게나마 보일 거여요

그마저도 안보이면
씨발! 욕이라도 실컷 퍼부으세요

속이라도 시원하게

공허한
메아리 속의
개새끼들

공허한 메아리
안타까운 메아리

그 안에 여지없이 고개 쳐드는
족속들 개새끼들

신이 나서 좆같은 소리 내뱉는 버러지들
또 고맙겠지 버러지 새끼들

헷갈리는 세상

내가 서 있는 이곳
기울어져 있는지도 몰라
똑바로 서 있다 생각했는데
왜 이리 어지럽지

내가 숨 쉬고 있는 이곳
왜 이리 답답하지
생각한 것과는
다른 삶을 살게 하는

참 헷갈리네 헷갈려

그래도 살아있는 것이
신기해

이놈도
저놈도
다 지껄인다

이놈은 뭐가 불만인가
한참을 투덜거린다

저놈은 또 뭐가 불만일까
아직도 투덜거리고 있다

내 맘대로 되는 게 없는데
네 맘대로 되는 게 없는데

그렇게 다 투덜거리고 지껄이면
힘에 지쳐 쓰러지면 좋겠는데

다시금 일어나 또 지껄인다
끝없이

쉽게 얘기하지 마라

우리 모두는 쉽지 않다
우리 모두는 어렵지도 않다

그렇지만 쉽게 얘기하지 마라
쉽게 얘기하면 우리 모두가 쉬워진다

우리 모두는 그런 사람 아니다
우리 모두는 쉽지 않은 사람이다
쉬워짐을 넘어 그 무엇을 찾는 사람이다

정녕코 절대로
이 세상에 쉬운 사람은 하나도 없다

그러니까 그 사람 쉽게 판단하지 마라
우리 모두는 네가 쉽게 얘기할 존재가 아니다

좌절

오늘 또 주저앉아 웁니다
소리 내어 우는데도
소리가 안나나 보네요

나 이렇게 우는데
아무도 보질 않네
아무도 옆에 없네

내일도 주저앉아 울면
그 누가 봐줄까?
아무도 함께 하는 이 없으니
제대로 된 좌절이네

당신이 힘들 때
옆에 있어 주는 이 있으면
힘이 되겠죠

힘들 때 힘이 되어 주는
사람 옆에 있으면
좌절하지 않고 다시 일어섭니다

무제

거기에 있는데
거기 있는 줄 알았는데

내 마음을
거기에 두고 왔는데

내 웃음도 내 울음도
다 거기에 두고 왔건만

뻘에 잠긴 내 두 발과 손
허공에 던진다

그래도
내 웃음 내 울음

누군가 받아줄 이
있을 터이니

힘겹게 온 힘을 다해
던지는 내 웃음 내 울음

시장에
가서

신림시장
한 아이가 서 있다
그 아이 눈이 슬프고
애처롭다

봉천시장
한 아이가 물끄러미
하늘을 쳐다보고 있는데
주르륵 눈물이 흐른다

발걸음 옮겨
낙성대 끝자락 인헌 시장
거기도 한 아이가 서서
소리 없이 흐느낀다

왜 세상은 슬플까
답을 찾고자 헤매다
택시 타고 찾아 온 종로
광장시장

거기엔 그래도 웃는 이가 있을까
여지없이 깨지는 안타까운 내 생각

조금만 더 가 볼까
평화시장 동평화시장
거기서도
웃는 이를 볼 수가 없다

시장은
우리가 살아가는
터전인데
웃음이 없다

내가 힘이 없어
웃음이 있는 시장을
아직 못 찾았겠지

힘내서 가다보면
웃음 짓는 시장이
언젠가는 나타나겠지

그렇게 위안하며 꿈꾼다

다시 찾을
신림·봉천·인헌·광장 그리고 평화시장에
밝게 웃고 평화로운
아이들이 가득하길

학대

나도 모르게
그러고 있다

안 그럴 줄 알았는데
내가 너를 학대하고
내가 스스로 나를 학대한다

참 싫다! 참 싫다!

안 그러기로 했고
그리 배우고 자랐거늘

나 왜 이럴까
제기랄!

학대받고 제대로 받고
꿈틀거리며 일어나면
안 그럴까?

억울한 삶

태어나 사는데
그냥 정신없이 사는데

하루하루가 가는 줄도 모르고
지쳐 쓰러지고 잠들고

그래도
다시 일어나 가는데

그것이 억울한 삶이라면
너 어떻겠니?

정말 억울한 걸 참을 수 있게
해. 주. 라.

참을 수 없으면
씨발 세상 더럽다 할까

그래도 난 그래도
더러운 세상 걷어차고

반드시 새 세상 만들련다
억울한 삶 없도록 말이다

따라잡기

내가 너를 따라하고
네가 나를 따라하면

멀어진 간극
떠나가 버린 내 마음 네 마음
다시금 좁혀질 거야

우리 모두 그렇잖아
좋은 것 따라했잖아

그런데 왜 넌
내 안 좋은 것만 따라하니

왜 난
네 안 좋은 것만 따라하지

그 옛날 우리가 따라했듯이
우리 그렇게 하자

내 좋은 것 네가 가지고
네 좋은 것 내가 갖자

따라하면서 배우자
우리 원래 그랬잖아

종이 한 장 차이

잘난 듯 못난 듯
우기는 어리석음

내 잘났다 뽐내고
너 못났다 비웃는다

결국에는 한 장
얇디얇은 한 장

네게 그것이 진정
두꺼웠니?

내 그런 줄 모르고
종이 한 장 얘기했구나

미안하다
정말 미안타!

한장 한장 쌓아가서
다시는 헤어지지 말자

두꺼움이 사라지고
가까움 피어나도록

푸념. 넋두리

살면서 쏟아내는 푸념과 넋두리
그만큼 우리를 위로해 주고 감싸주는 것도 없다

넋두리 1

그렇구나!
그러지 말 것을

정신없이 살다보니
그렇게 되었구나!

내가 정신 차려서
바로 잡을 수 있으려나?

대답하지 않는
질문

왜 차가 막힐까
막히면 차도 답답할까

왜 길이 좁을까
넓혀주면 시원할까

왜 초조할까
참지 못해서일까

왜 두렵지 않을까
겁이 없어서일까

묻지 마
네가 알잖아

넋두리 2

오늘 또 하루를 넘긴다
기나긴 하루

오늘 또 후회한다
끝이 없을 후회

오늘 또 걷는다
끝없는 이 길을

오늘 또 맞는다
끝없이 맞고 싶다

오늘 하루가 참 길다
질기고도 질긴 인생길

오늘 나는 시작한다

담배 한가치 물고
묻고 또 묻는다
깊게 들이마시고 내 뱉는다

답이 없는 공허한 허공에

그런 사람

그런 사람이 있습니다
주위를 돌아보세요
여기도 있고 저기도 있습니다

그런 사람이 그렇게 세상을 살다
다른 세상을 살고자 하네요

누구에게나 보여요
그 사람 다시 또 그렇게 살 거라는 게

그렇게 살고 또 그렇게 살 사람이
바로 이 사람입니다

우리가 사랑하는 사랑할 수밖에 없는
바로 당. 신.

인생이
다
그렇더라

얘들아 인생이 다 그렇더라

쓴맛인줄 알았더니 단맛이고
달콤한 줄 알았더니 쓰더라

얘들아 인생이 다 그렇더라

즐거운 줄 알았더니
이내 슬퍼지더라

얘들아 인생이 다 그렇더라

내가 못난 줄 알았더니
그래도 잘난 구석이 있더라

얘들아 인생이 다 그렇더라

나를 위해 돌아가나 하더니
이내 나를 버리는 때도 있더라

얘들아 인생이 다 그렇더라

슬픈 줄만 알았더니

기쁨도 찾아오더라

얘들아 인생이 다 그렇더라

취한 줄 알았더니 이내 깨어 있더라
깨었다 생각하니 다시 취해 있더라

잠들었다 싶었는데 이내 깨어 있고
깨었다 싶었는데 다시금 잠이 들더라

얘들아 인생이 다 그렇더라

사랑인줄 알았더니 미움이더라
미움인줄 알았는데 사랑이더라

인생이 다 그렇더라

사슬

벗어나고 싶은데
뛰어 내리고 싶은데

내가 살아온 그 흔적이
나를 잡아둔다

지울 수 없는 발걸음
내 지나온 걸음걸음

보이지 않는 쇠사슬
나만의 쇠사슬

끊어 버리면 될 것을

맴돌고 맴돌아
오늘 또 여기에 있다

삶 1

정말이야?
아니겠지

참말이야?
아닐 거야

그런 거야
우리 삶이

시를
쓴다는 것

시는 언제 써질까요?
당신이 쓰고자 할 때 시는 써집니다

그럼 내가 쓴 건 시가 아닌가요?
아니요 시는 정해진 게 없어요

시는 자유랍니다
시는 당신의 생각을 옮기는 거예요

옮기다가 잘못될 수도 있지 않을까요?
잘못됐다 생각하면 지우세요

우리에게 그럴 자유는 충분히 넉넉히
있을 거예요

썼다 지우고 다시 쓰세요
이젠 됐다 싶을 때까지

내가 그럴 수 있는 건
바로 바로 바로 바로
살아 있다는 거여요

숨 쉬고 있다는 거지요

삶 2

삶이 고단하거든
잠을 자라

자다 깨어나면
삶이 뭔지 곱씹어 봐라

힘들 거다 버거울 거다
삶의 무게는 결코 가볍지 않다

깨어 있어도 잠들어 있어도
가벼워지지 않는

삶의 무게여 삶의 짐이여

내가 용기를 내어 그 짐을
짊어지련다

당신의 어깨가 가벼워질 때까지

여기까지

이제는 쉬고 싶어
저기에서

저기가면 정말 쉴 거야
나 많이 힘들었거든

거기에 왔는데 또 못 쉬네

눈을 감았으면 쉴 텐데
눈뜨고 있으니 어쩔 수 없네

힘들어도 갈 수밖에 없는 이 길
멈추고 싶어도 주저앉고 싶어도
갈 수밖에 없겠지만

그래도 나 한마디 하고 싶어
정말 바라건대 여기까지

그런 거야

그런 거야 살다 보니
나만 이런 줄 알았는데
너도 그렇더라

그런 거야 쌓이다 보니
나만 부끄러운 줄 알았더니 너도
나만 뻔뻔한 줄 알았더니 너도

그런 거야 달리다 보니
나만 힘든 줄 알았더니
너도 그러니?

세상은 내가 생각하는 것 이상이라 여겼는데
세상이 내 생각을 못 따라 올 때도 있더라

내가 너고 네가 나야

가는 길

곧 다다릅니다
지금 가고 있어요

다 와 갑니다
저기 보입니다

나 또 그렇게 오늘도
거짓을 고합니다

아무 말 없이 가면
다다를 텐데

왜 난 맨날 이 모양일까요

제자리

흔들고 흔들어도
가야할 내 길 너의 길

우리는 태어나길 그렇게
흔들리며 태어났단다

흔들리다 보면
분명 멈출 때도 있을 거야

돌다 보면 제자리
아하! 여기가 거기구나

탈바꿈

동전 한 닢 남았거든 나를 주게나
그걸 갖고 은쟁반 만들어 줄게
은쟁반 하나 남았거든 나를 주게나
그것으로 금화를 만들어줄게

동은금
금은동

당신이 원하는 대로 해줄게

눈물이
난다

눈물이 나도
참아야 하는
사람이 있습니다

그 사람은 눈물 흘리면
안 되는 사람입니다

그런데 그 사람
속으로 웁니다
복받쳐서 웁니다

복받쳐 오르는 그 슬픔
온전히 받아 주는 세상의 그 분이

말해 주네요

너는 그래도 조금은 더
버텨 보라고

사랑하는 사람이
사랑을 줄 때까지

그렇게 끝까지

외침

소리 내어 외쳐봅니다
너무 외로워서 너무 힘들어서

메아리도 죽었나?
그 어떤 반향도 없네요

죽을 힘 다해서
그렇지만 뱉어지지도 않는
속으로 깊숙이 말려드는
힘겨운 외침

그 외침 나만이 듣는 외침
그래서 더 처연해지는
눈물도 마른 내 외침

나 그래도 외쳐봅니다
내 주위에 있는 그 누군가
어디서 소리가 났다고
반응 보일거만 같아서

그렇게 안에서 흐르는
미약하지만 아직은 느껴지는
아직까지는 나름 흐르고 있는

내 정신 내 생각
외침을 만들어
소리 내어 내뱉습니다

슬화

슬픈 건지 화가 나는 건지
슬프다 생각하면 슬픈 것 같고
화난다 생각하면 화가 나는 것 같다

참 작고 작은 것이 인간이고
그게 바로 나더라

정말 나는 인간이고 싶지 않아

슬퍼하지도 않고 화내지도 않는
개이고 싶고 고양이이고 싶고

차라리 땅을 기어 다니는 벌레이고 싶어
훨훨 날아다니는 새이고 싶어

무상

아무 생각도 없이 펜을 들었다
갈겨지는 대로 끄적거리려는데
무언가 나를 멈추게 한다

내 생각인지 그놈 생각인지는
지금은 알 수 없다

제 정신이 돌아 왔을 때
부끄러우면 내 생각
다시 한 번 생각해 보게 하면 그놈 생각

내 생각과 그놈 생각이 뒤섞이면
뭔가 만들어 낼 것 같은 우리의 착각

착각일지라도
나의 너의 우리의
자유로운 생각 안이었으면 좋겠다

없이 생각하는 게 무상일까
생각 없이 사는 게 무상일까

흔들리며 간다

내가 왜 여기에 있는지 모르겠다
내가 왜 생각이라는 것을 하는지

아픔이랄까 고통이랄까
고통이라면 차라리 아팠으면 좋겠다

아프지 않은데 고통
고통스럽지 않은데 아픔

내 아픔과 고통을
저기 깊숙이 심연 속으로 내던진다

또다시 느껴지는 고통
그리고 슬픔

차라리 그 심연으로 나를 내던져야겠다

장점과
단점

난 정말 그렇게 되고 싶다

훌륭한 사람 존경받는 사람의 장점을 제대로 보고
굳이 그분의 단점을 찾아내지 않는 그런 사람

그런데 나는 안 그렇다

잘난 놈 허물을 보고 싶어 하고
그것으로 잘난 그 분을 기어코 깎아내린다

장점을 먼저 보고
단점을 보되, 장점이 크면 덮어주는 사람

그래서 그 장점 많은 그 인간이
내게도 위인이 되고 스승이 될 수 있게
나란 사람이 좀 커졌으면 좋겠다

난 정말 그렇게 되고 싶다

저절로
그렇게

저는 저절로 이렇게 된 걸까
그런 것 같아요

아팠는데, 저절로 나았고
힘들었는데, 저절로 편해졌어요

분명 저는 저절로 생겨나지는 않았어요
저절로 키워지지도 않았죠

그런데 정말
저절로 그렇게 됐어요

아프고 힘들고 정말 어려웠는데
지나면 저절로 그리 되었더라고요

그러니까 좌절 말아요
그니까 낙담 말아요

그렇게 시간이 가면 저절로가 나타난답니다

우리가 만들어지길
저절로 그렇게 되도록 만들어졌어요

저절로 될 수 있도록
저절로 느낄 수 있도록

우리는 그렇게 태어났어요
그분들 덕분에 말이죠

그니까 넘 폼 잡지 말아요
그러니까 넘 젠체하지 말아요

시간과 세월이 더해지면
결국 저절로 인걸요

아파도 슬퍼도 즐거워도 화가 나도
다 저절로 그렇게 되고
다 저절로 없어질 거예요

시간

당신을 만나러 가는 시간
내 님 보러가는 시간
그 시간은 참 더딥니다

그놈을 어쩔 수 없어서 봐야 하는 그 시간
정말 가기 싫지만 가야 하는 그 시간
그 시간 정말 짜증나게 빨리 오네요

시간은 요물

어쩔까나 그 요물을 어떻게
내 쪽으로 인도할까

인도하지 마

시간은 흐르는 대로 내 깔려주면
그놈이 제자릴 찾아간단다

그렇게 네게 찾아간 그놈이
답을 줄 거야 째깍째깍 그 안에
답이 있을 거야

찾는 놈은 내게 와라

호호 나도 그 답이 궁금해

시간은 요물

그렇게 나는
모두의
누구입니다

나는 누구의 우상입니다
나는 누구의 경외입니다

나도 잘 몰라요
왜 그런지

나는 누구의 경멸입니다
나는 누구의 바보이고 개새끼죠

나도 몰라요
정말 왜 그런 지를요

나라는 인간
나라는 사람

분명 하나인데 여기 저기
여럿인가 보네요

사람은요 누구에게나
좋은 놈이고 나쁜 놈이고
그런 건가 봅니다

가끔 우쭐도 하고

이내 움츠려들고 자책도 하는

그 놈이 바로 나이고 너이고
모두의 누구입니다

괜찮게
살고 있는 건가

나 괜찮게 살고 있는 건가
가끔은 그런 생각이 들어

사실 그 순간에 답은 못 찾아

그래도 문득
내가 잘 해내고 있는지
괜찮게 살고 있는지

참 궁금해
나만 그런가? 정말 궁금해

정신줄

정신줄 놓지 마라
매번 어려울 때 듣는 말이죠

그런데 참 궁금했어요
정신 줄 놔 버리면 어찌되는지

참참참! 그런데 아직도
정신줄을 잡고 사네요

정말 궁금한데
거기 가면 죽는다하니
그렇게 못하고 있죠

술 마시고 노래하고
정신을 잃고자 하는데도
그놈 정신이 나를 붙잡네요

나는요 정말 정신없이 놀다
정신줄 놓고 자유롭고 싶어요

그런데도
아직도 정신 차려 시인지 넋두리인지
끄적거리고 있는 사람입니다

일기장과 슬픔

일기장을 펼치고 무얼 쓸까
오늘 하루를 되돌아봅니다

곰곰이 생각하니 떠오르는
아쉬운 생각 그리고
왜 그랬을까 하는 생각

차마 부끄러워 일기장 덮고 나니
슬픔이 물밀듯 몰려오네요

슬퍼지면 일기장을 덮으세요
떨어지는 눈물에 속살이 젖어 더 슬퍼지니까요

한계

어디까지 가면
느낄까요? 그곳

언제가 되면
알까요? 그곳

분명 한계는 있을 텐데
지금은
알 수 없는 건가요?

그래서 더 궁금한
그 곳
바로 우리의 한계

한계에 다다르면
꼭 하고픈 말이 있어요

내뱉는
시

정제 된 시
내뱉는 시

가다듬은 시
삼키는 시

아는 놈은
아는 시를 쓰고

나는 내뱉고 삼키고
내 하고픈 대로 쓴다

시는 자유니까
지워도 되니까

알 수 없어요

안다 생각하죠
이해한다 생각하죠

아니요 그건 아니어요
정말로 그건 아니어요

알면 좋겠는데
알았다 하면 도망가는 게
세상이랍니다

모른다 생각하면
정말 몰랐으면 좋겠어요

그런데 너 뭘 봤냐고
물어보는 게 세상이네요

정말 알 수 없어요

우리
같이 가요

우리 여기 있는데
같이 갈 사람이 필요해요

같이 가는 사람 떠나면
난 정말 아파서
엉엉 소리 내서 울 거여요

그렇게 안타까워서
다시 보고파서

깨끗하자

밖에 나갔다 오면
깨끗하게 씻자

생각보다 우리는 더럽다
좀 씻고 깨끗해지자

몸만 씻지 말고 마음도 씻자

몸과 마음 정갈하게 하고
내가 보던 것 생각하던 것
다시 보고 다시 생각하자

거기에 새로운 게 피어날 거다

쉼표와
마침표

쉼 없이 달려왔습니다
우리는 이 말을 참 자주 합니다

가끔 쉼표 찍고 좀 쉬고
더러는 마침표도 찍고 새로운 길도 갑시다

왜 쉼 없이 달려야만 하나요?
쉬면 보이고 마치면 새로움이 시작될 텐데 말이죠

쉼 없이 달려야 할 때는 달리자고요
숨이 차도 참아야 한다면 참읍시다

그렇지만요!
힘들면 쉬고
쉬고 나서 그래도 힘들면
마치자고요

숨 참지 말고 내뱉고
힘들면 얘기해요

나 정말 조금만 쉬고 여유를 가지고
다시 시작하면
쉼표 마침표 찍고 살겠노라고

이제는 쉬고 마치고
나 그렇게
여유를 가지고 사랑하며 살겠다고

*삶과
죽음은
하나다*

삶은 무엇인가
호흡하고 있으면 삶이겠지

죽음은 무엇인가
숨 쉬고 싶은데 내뱉을 수 없으면
그건 죽음일거야

숨이 뱉어지면 넌 잘하고 있는 거야
살아있다는 거니까

살아 있으면 숨 깊게 마시고
내뱉어봐

그 순간 알게 될 거야
삶과 죽음은 연이어 있다는 것을

그걸 모르겠으면 꿈을 꿔봐
그 안에 삶과 죽음이 함께 있거든

그러면 염화미소가 저절로
떠오를 거야

큰 나무

큰 나무이고 싶은 사람이 있습니다
바람에 흔들리지 않고
속삭임에도 흔들리지 않는 그런 큰 나무요

세차게 흔들어도 끝까지 버티는
단단한 뿌리를 갖고 싶은 사람이 있어요

그래도 힘든 건 참 힘드네요
모진 바람 이겨내야지요
암만 힘이 들어도요

그렇게 할게요
꼭 그렇게 할게요

내가 가야 할 길

나는 왜 길을 걸을까
가야만 하는 길이라서

너는 거기 왜 서있니
서있어야만 하니까

나 왜 여기서 이런 말 할까
아니 그럼 어디서 그런 말 하라고

나 왜 여기서 울까
그러니까 너 왜 거기서 우니

실컷 울어 젖히고
다시 갈 길 가야 하니까
내 길을 가야 하니까

아픔과 치유 그리고 도돌이표

아프니
네

아프지 마라
네

우린 그렇게 아프고
위로하고
또 상처를 받는다

세상이
네게
뭐라 하나요?

세상이 당신께 뭐라 하나요?
좀 더 열심히 살라하나요?

세상이 네게 뭐라 합디까?
잘 살고 있다고 하나요?

세상이 당신한테 뭘 얘기하나요?
진실을 얘기하나요?
거짓을 말하나요?

세상이 네게 무엇을 물어 봅디까?
무얼 봤냐고 묻던가요?
뭘 들었냐고 묻던가요?

그런 게 세상입니다
참 그런 게 세상이더라고요

절대로 뚜렷한 답은 주지 않는
그런 것이 세상이네요

이 세상 떠나 저 세 세상 가면
거기서는 달라지려나요

세상이 참 알 수 없네요
저 세상 가기 전까지 알 수 있으려나

이 세상 떠나기 전까지는 알 수 없을 거야

하늘과 물 그리고 끔

지금 하늘에 떠 있어요
한참을 가야 한다고 하네요

그래서 준비된 와인을
모두 달라 했어요

한 잔 한 잔 마셔보니
다 와인이고 술이네요

그렇게 다섯 잔을 가득 마시니
참 기분이 좋네요

분명 하늘에 떠 있을 터인데
물 속 심연으로 빨려 들어가는 이 느낌

술은요
모든 걸 가능하게 해줍니다

그렇지만 술은요
당신의 소중한 기억을 그 기억을
앗아갈지도 모를 어쩌면 악마여요
정신 똑바로 해서 꼭 지키세요

하늘과 바다
창공과 심연

거기서 자유롭게
정말 자유롭게 우리 꼭
끌어안아요

당신을 끌어안고
잠시나마 잠이 들래요
분명 그대가 내 앞에 있을 거니까

심연 그 깊은 바다에서
당신을 안고 하늘로 솟습니다

하늘로 솟아 바라봅니다
그 많고 많았던 추억 그 기억을

절대로 잊지 않을 겁니다
내 소중한 기억들 추억들

하늘이던 바다이던

창공이던 심연이던
눈 떠 보면 분명 당신이 있을 테니까

하늘과 물 속
높고 깊은 곳
그곳을 지나와 잠에서 깨어납니다

어느덧 깨어나 일상으로 돌아가는
내 모습이 참 아름답습니다

꿈꾸는 당신이 정말 멋있습니다
하늘 물 그리고 꿈을 꾸는 나

두려움

집에 들어가는데
문득 두려움이란 단어가 떠오른다

어제는 없었던 두려움이
왜 내게 다가 왔을까

어쩌면 지나쳐버린 것들이
쌓이고 쌓여 내게
찾아왔는지도 모르겠다

그렇게 나는 두려움 없이 살았다
거칠 것 없이 살았다

그런데 그것들이 내가 지나쳐버린 때문일까
이런 생각이 나를 두렵게 한다

왔다 갔다

왔다 갔다 한다
나도 모르게
살다보면 분명
머무를 때 있겠지
왔으면 쉬고 싶은데
다시 가라 한다

지금도 그렇다
머물러야 할지
한걸음 더 내딛어야 할지
아니 더 버텨야할지

그러다가 또 다시
가는 게 우리 삶인가 보다
왔다갔다 그렇게

전구

담배 하나 물었는데
연기를 내뿜으려 고개를 드니
거기에 전구가 있다

살짝 깜박이는 불빛
희미하게 비추는 필라멘트
거기서 많은 이야기가
피어오른다

모락모락 피어나는 기억
다시금 끄집어내는 아픔

그 아픔을 저 전구가
희미하게 밝혀준다

아련한 추억

우린 모두 아련한 추억을 먹고 산다
아득히 떠오르는 옛 일
어렴풋이 생각나는 그날

그래 내가 거기 있었는데 왜 내가 여기에 있지
알 수 없는 넋두리를 끝없이 되뇐다

그게 분명 나일 터인데
그게 모자란 듯 나는 여기에 서서 당신들을 부른다
나 여기에 있다고 나를 바라보라고 애타게 찾는다

그렇게 끝없이 기다린다
당신이 찾아올 때까지 어렴풋한 내 기억 사라질 때까지

아무것도
아니다

진짜로 좆도 아니다
지금 그대로 아무 것도 아니다

보이는 그대로도 아니다
지금 이 모습도 아니고 그 때 그 모습도 아니다

자랑스러운 그 모습도 내 것 아니고
지켜야 하는 내 모습도 없다

그냥
보듬고 싶고
만지고 싶은 그대로의 나다

그래도
산다

그래도 산다
좀 더 살아보면
살고 싶어질 거 같아서

그래도 좋다
좀 더 있으면
네가 다가 올 거 같아서

그래서
내가 살고 있고
숨 쉬며 끼적인다

ㅇㅈ 누다가

방울방울
나를 바라보는 거품들

하나하나 눈이 되어
나를 바라본다

수 없이 많은 방울들
그들이 내게 속삭인다

그렇게 네가 뱉어낸 수분
배설의 희열

그 방울들조차도 질문을 던진다
잘 살고 있냐고
잘 좀 하라고

거울 속의 나

거울을 본다
거기에 내가 있다

나는 분명 나인데
나 같지 않은 나이다

살아온 길이
나 같지 않아서일까

왜 이 거울 속에 나는
맘에 들지도 않고
아니 어쩌면 부끄럽게도
지우고도 싶다

먼 훗날에 다시
거울 앞에 서서 나를 바라보면
나 같은 내가 있으면 좋겠다

좀 더 힘내서 나를 만들어보자

거울 속의 내가
마주 선 나를 바라보며
바로 너야 하면서

하나가 될 때
그 거울은 없어도 좋다

아~!

아~
그렇게 되었구나!
아~ 그리 되는구나!
아~ 다음은 무엇일까?

궁금하지만
두렵다

또 다시 차라리 아~ 하고 싶다

고뇌의 시간

많이도 살았다

내려놓고 싶은데
두고 가고 싶은데

그 시간이 오질 않네
그 순간이 참 아니 오네

힘들게 고뇌하면 올까
째깍째깍 분침 가고 시침 가고
이내 잠들면 오겠지

어쩌지 나 다시 일어나면
고뇌의 시간인 것을

다시 찾아오는
고뇌와 번민

그래도 시간은 간다

다
사라져간다

내가 알던 것이 없어진다
내가 보고 싶던 것이 사라진다

난 아직도 여기에 서 있는데
알던 것이 없어지고
보고픈 것이 사라진다

그렇게 난 네가 알고 싶다
그렇게 난 네가 보고 싶다

아직도 한참을 가야겠지만
난 알고 싶고 보고 싶다

네가 사라지기 전에
널 알고 보고파 하고 싶다

너마저 사라지기 전에
네가 내 옆에 있어줄 때

그래도 사라지는 걸
내가 잡을 수 있으려나

알 수 없다
보고파지기 전에는

아 씨발!

뭐야

뭔데

아 씨발 그런거야?

그러지 말자

시련과 나무

시련 없이 큰 나무는 없다
고통 없이 꽃을 피우는 나무도 없다
모진 비바람 맞고 이겨낸 나무다

당신이 보고 있고 마주한 그 나무다
우리 모두 나무답게 살자

시련도 이겨내고
고통도 참아내고
비바람도 이겨내자

당신이 보는 나이니까
내가 보고 있는 당신이니까

그렇게 우리 나무가 되자

넋두리3

내 넋두리 하고 있소
아무 의미 없는 넋두리

그 넋두리 의미를 가지려면
당신이 필요하오

당신이 내 푸념을
그런대로 듣고 웃고 있소

사실 아무 소용없는 넋두리라오
그래도 주절주절 내뱉고 있다오

어차피 넋두리는 생명이 없다오
그런데도 살아가며 수없이 하는 게
넋두리 아닐까 하오

내 넋두리 끝나면
내게 더 이상 세상은 없을게요

어쩌면 삶이란 게
의미 없는 넋두리 아닐까 하오